自己制御の発達と支援

森口佑介 編著

シリーズ
支援のための発達心理学
本郷一夫 監修

金子書房

シリーズ刊行にあたって

　近年，障害の確定診断の有無にかかわらず，様々な支援ニーズをもつ子どもや大人が増加している。また，そのような人々に対する多くの支援技法も紹介されている。しかし，ある人に対して「うまくいった」支援技法を他の人に適用しても必ずしもうまくいくとは限らない。また，支援直後に「うまくいった」ように見えても，その後の人生にとってその支援が効果的であるかはわからない。重要なことは，表面的な行動の変化ではなく，その人の過去から現在に至る生活の理解に基づいて，その人の現在と未来の生活に豊かさをもたらす支援を行うことであろう。すなわち，人の発達の理解に基づく発達支援である。

　そのような観点から，シリーズ「支援のための発達心理学」は企画された。本シリーズは，人が抱える問題の理論的基礎を理解するとともに，それに基づく具体的支援方法を学ぶことを目的とした。その点から，次の2つの特徴をもつ。第1に，単なる支援技法としてではなく，発達心理学の最新の知見に基づく支援のあり方に焦点を当てている点である。第2に，各領域の発達は，その領域の発達だけでなく，他の領域の発達と関連しながら起こるという機能間連関を重視している点である。

　現在，発達支援に関わっている心理士・教師・保育士，これから支援に関わりたいと思っている学生・大学院生などの方に，本シリーズを是非読んでいただきたい。そして，それが新たな支援の展開と支援方法の開発につながっていくことを期待している。

　最後になったが，このシリーズの出版の機会を与えていただいた金子書房，また迅速で的確な作業を進めていただいた担当の加藤浩平氏には深く感謝の意を表したい。

2018年2月

シリーズ監修　本郷一夫

Contents

シリーズ刊行にあたって　i

第Ⅰ部　総論

第1章　自己制御研究の現在
………………………………………… 森口佑介　2

第Ⅱ部　各時期の自己制御の発達とその支援

第2章　幼児期の自己制御の発達とその支援
………………………………………… 中道圭人　18

第3章　児童期の自己制御の発達と運動による支援
……………………………… 石原　暢・紙上敬太　30

第4章　青年期の自己制御の発達と支援
………………………………………… 森口佑介　41

第5章　壮年期以降の自己制御の発達と支援
………………………………………… 土田宣明　53

第Ⅲ部　発達障害と自己制御の支援

第6章	知的障害の子どもの自己制御の支援
	……………………………………… 池田吉史　66

第7章	自閉スペクトラム症のある子どもの自己制御の支援
	……………………………………… 片桐正敏　78

第8章	注意欠如多動症のある子どもの自己制御の支援
	……………………………………… 宇野宏幸　97

第Ⅰ部

総 論

第Ⅰ部　総　論

第1章 自己制御研究の現在

森口佑介

1　はじめに

　私たち人間の社会生活において，自分の気持ちや考えを思ったままに表現できることばかりではないだろう。多かれ少なかれ，上司や同僚，家族に配慮して，自分の気持ちや行動を制御して生きている。言い換えると，自分を制御できなければ，仕事を失ったり，犯罪を行ったり，家庭が崩壊したりすることもある。このような自己制御の能力はいつ，どのように発達するのだろうか。どのような子どもたちがこの能力に問題を抱えるのだろうか。問題を抱えた場合，私たちはどのようにして支援をしていけばいいだろうか。本書ではこのような問題について，最先端の研究を行っている研究者が解説していく。

　まず，本章では，自己制御という言葉を定義し，なぜ現在自己制御の発達が世界的に注目されているかについて紹介する。第2章から第5章では，発達の各時期における自己制御の発達と支援について概観する。第2章は幼児期，第3章は児童期，第4章は青年期，第5章では壮年期以降である。これらの章では，自己制御の定型発達に関する基礎的な研究が中心になっている。これは，自己制御を支援するためには，自己制御の発達過程そのものの理解が必須であるという考えのためである。

　第6章以降では自己制御の発達とかかわる障害について概観していく。第6章では知的障害，第7章では自閉スペクトラム症（ASD），第8章では注意欠如多動症（ADHD）である。こちらでは支援の基礎的な研究と支援の両方が取り上げられている。

　それでは，まず自己制御がどのようなものかについて見ていこう。

2 自己制御とは？

　目の前においしそうなマシュマロが1つ置いてある。目の前には子どもが座っており，子どもはいますぐ食べるならマシュマロは1つ，でももう15分待ったら，マシュマロは2つあげる，と告げられる。このテストにおいて，子どもは，いますぐ食べたいという気持ちと少し待ったらマシュマロが2つもらえるという気持ちの中で揺れる。

　これは，心理学において最も有名な実験の一つ，マシュマロ・テストである。このテストは，半世紀ほど前にアメリカの心理学者Mischel博士によって開発され，子どもが目の前の報酬への衝動をがまんして，長期的に利益になる行動を選択できるか否かを調べている（Mischel, 2014）。これは，セルフコントロール（自己制御）の最も有名な例の一つである。本節では，まず，発達心理学・発達科学の領域において自己制御がどのように研究されてきたかを短く紹介しよう。特に，ここでは，衝動性の制御，気質，実行機能の3つの異なった背景を持つ研究が，現在一つに集約されつつある流れについて紹介したいと思う。

　まず，衝動性の制御の研究である。冒頭にも紹介したようなマシュマロ・テストで検討されるような自己制御の研究は，衝動性の制御や満足の遅延研究として知られている。特に，発達心理学では，子どもがいつ，いかに衝動性を制御できるようになるかが検討されている。概して，マシュマロ・テストのような状況において，2歳以下の子どもは衝動性を制御できないこと，幼児期に著しく制御できるようになること，児童期は緩やかに発達が続くこと，青年期では制御が難しくなることなどが知られている。衝動性の制御のメカニズムについては，様々なモデルが提唱されているが，今も支持されているモデルの一つがMischel博士らの理論である。この理論では，衝動性の制御は，衝動性を惹起するようなホットな側面と，そのホットな側面を調整するクールな側面から構成される。クールな側面がホットな側面を制御することが多いが，厳密にいうと，クールな側面は，ホットな側面を抑止するだけではなく，ときには，促進することもある。

　クールな側面がホットな側面を抑制する例と促進する例を紹介しよう。抑制

に関しては，クールな側面によって子どもがマシュマロを見ないようにすると，マシュマロから注意がそれるのでホットな側面の働きは抑制され，マシュマロ・テストに通過しやすくなる。一方，クールな側面によって子どもがマシュマロの味について考えると，逆にホットな側面の働きを強めてしまい，マシュマロ・テストに通過しにくくなる。

　次に，自己制御の認知的な側面に焦点を当てたのが，実行機能である。実行機能は，広義には目標志向的な，思考や行動の制御能力と定義される。この定義は非常に古典的なものであり，現在では，実行機能という上位概念の下に，複数の下位概念を想定した方が妥当だという考えが広がっている。下位概念の構成も研究者によって異なるが，広く受け入れられているものとしてMiyakeらのモデルがある。このモデルでは，実行機能は，当該の状況で優位な行動や思考を抑制する「抑制機能 (Inhibition)」，課題を柔軟に切り替える「シフティング (Shifting)」，ワーキングメモリに保持されている情報を監視し，更新する「アップデーティング (Updating)，もしくはワーキングメモリ」の3要素から構成される (Miyake et al., 2000)。

　たとえば，抑制機能を調べる代表的な課題であるストループ課題では，参加者は，文字の色を答えるように教示される。特に，文字の意味とその色が異なる場合においては，参加者は反応するのに時間を要する。例えば，青色の「みどり」という文字を答えるような場合である。シフティングに含まれる数―文字課題では，数と文字のセットが刺激となる（例えば，8J）。参加者は，この刺激がスクリーン上方に提示されたら数が奇数か偶数かの判断を，スクリーン下方に提示されたら文字が母音か子音かを判断しなければならない。試行によって課題を切り替えることができるかが検討される。また，アップデーティング（またはワーキングメモリ）に含まれる課題として，Nバック課題がある。この課題では，参加者は，スクリーン上に提示されている刺激（文字や顔）が，それ以前に提示された刺激と同じであるかを判断しなければならない。より最新のモデルでは，抑制機能が外れ，課題に必要な目標の保持などと関連する共通実行機能要素が加えられているが，子どもを対象にした研究はMiyake et al.（2000）に基づいてなされている。

　最後に，気質的な側面からの定義について紹介する。気質は，伝統的には生

得的にもつ行動特性と定義されてきており，環境の影響を考慮してこなかった。だが，近年は遺伝子と環境との相互作用で生み出されるものとして捉えられるようになっている。気質研究にも長い歴史があるが，いくつかの気質のモデルには，自己制御とかかわるような因子が含まれている。最も有名なのは，気質研究を推進するRothbartらのグループの研究で，彼女らの気質モデルにはエフォートフルコントロールという概念が含まれている（Rothbart, Ellis, Rosario Rueda, & Posner, 2003）。

このように，衝動性の制御，実行機能，エフォートフルコントロールのように，3つの側面から自己制御の発達研究は進展してきたが，現在，一部においてこの類似した概念を統合しようという試みがある。伝統的には，実行機能は認知的な側面を扱うことが多く，Miyakeらのモデルに含まれる能力も，基本的には認知的な実行機能であった。しかしながら，近年は情動的な制御も実行機能として捉えようという動きがある。つまり，認知的な実行機能と情動的な実行機能という考えである。この2つは，課題に報酬の価値などを含むかどうかで区別される。たとえば満足の遅延などのように，報酬に対する衝動的な反応や情動的反応を含んだ場合に，情動的な側面であるとされる（Zelazo & Carlson, 2012）。

さらに，エフォートフルコントロールも，実行機能との類似性が指摘されている。伝統的には，エフォートフルコントロールは質問紙によって調べられてきたが，近年は認知的な課題を使うことも増えてきた。ある研究者らは，実行機能に情動的な側面が加わることにより，実行機能とエフォートフルコントロールの概念，構成，測定法は極めて類似していると指摘している（Zhou, Chen, & Main, 2012）。つまり，伝統的に認知的な側面を扱ってきた実行機能に，衝動性の制御やエフォートフルコントロールを情動的な側面として統合しようということである。

筆者は，実行機能という言葉を指す場合は認知的な側面に限定したほうがわかりやすいと考えること，幼児期においても情動的な実行機能と認知的な実行機能には相関関係がないことなどから，両者を実行機能として統合することには懐疑的である。そのため，本章では，実行機能を指す場合には認知的な自己制御，衝動性の制御やエフォートフルコントロールを指す場合は情動的な自己

制御としたい。本書を通じて，概ねこの定義を採用している。

3　自己制御の重要性

　次に，なぜ自己制御の研究が注目を集めているかについて紹介しよう。それは，子どものときの自己制御の能力が，子どもの将来の社会的成功や健康を予測することと関連している。2011年に報告された衝撃的な研究を紹介しよう（Moffitt et al., 2011）。

　ニュージーランドのある町で1972～73年に生まれた，1000人の赤ちゃんを対象に，その子どもたちの人生を追跡している研究がある。この研究では，対象となる子供たちを，2～3年ごとに追跡調査をし，その成長の軌跡を追跡し，子どものときのいかなる能力が子どもの将来を予測するかが検討された。その結果，11歳くらいまでの自己制御の能力が，32歳になったときの健康状態や，年収や職業，さらには犯罪の程度まで予測することが示されたのである。ここでの自己制御の能力は，認知的な自己制御と衝動性な自己制御を含めた，総合的な自己制御能力だと考えていただきたい。

　具体的には，幼児期から児童期初期において自己制御の能力が低い子どもは，自己制御能力が高い子どもと比べて，健康面，経済面，違法行為面，生活面で，大人になったときに問題を抱えやすいようである。健康面に関しては，自己制御能力が低い子どもは，循環器系疾患になりやすく，肥満になりやすい。これは，食欲に任せて自制せず，健康に悪い食生活を送ることと関連するだろう。これに加えて，性感染症になりやすいことも報告されている。見境のない性行為をしやすいためだと考えられる。

　次に，経済面では，子どもの自己制御能力が，32歳になったときの年収や社会的地位を予測することが示されている。つまり，子どものときに自己制御能力が低い子どもは，32歳になったときの年収が相対的に低く，弁護士などの専門職になりにくく，貯蓄も少なく破産しやすいことが明らかになったのである。自己制御能力が低いと，仕事が長続きせず，失業しやすいことが報告されている。また，これは，子どものときに自己制御能力が低い子どもは，高い子どもと比べて学業成績が低い傾向にあることとも関連する。学業成績が低ければ，

大学や大学院などに行く確率が低くなりやすいため、結果的に年収や職業選択の幅に影響が出てくるのだろう。貯蓄については、自己制御能力が低い人が入ってきたお金をすぐ使ってしまうことは想像に難くない。

ダニーデンの研究以外にも、イギリスやアメリカなど、様々な国々で同様の結果が得られている。このように、子どものときの自己制御能力は、子どもの将来にとって重要な能力の一つとなっているのである。

4 自己制御の発達

子どものときに自己制御能力が、いかにして大人になったときの社会的成功や健康を予測するのか。このことを考えるためには、自己制御能力の発達過程について見ていく必要がある。認知的な側面と情動的な側面それぞれについて紹介しよう。

まず、比較的単純な認知的な側面についてである。認知的な側面は、幼児期に著しく発達すること、児童期以降も緩やかに発達することが示されている（森口、2012）。よく使われるテストの一つが、ルール切り替えテストである。このテストでは、子どもはあるルールのもとにゲームを行うのだが、途中でゲームのルールが変わる。その際に、参加者はルールの変化に応じて、頭を切り替えられるかを調べる。このテストでは、色と形という2つの特徴を持ったカードを用いる。例えば、「赤い●」と「緑の△」のカードを用意し、これを標的カード、標的カードとは色と形の組み合わせが異なる「赤い△」と「緑の●」のカードを用意し、テストカードとする。参加者は、実験者の指示に従って、テストカードを分類する。たとえば、幼児は色ルールでテストカードを分類するように指示される。幼児は、この第1段階に成功すると、第2段階に進む。第2段階では、幼児は第1段階とは異なる、形ルールで分類するように指示される。このテストで重要なのが、まったく同じカードを分ける際に、最初はあるルール（色ルール）を用いているのに、途中でルールが変わってしまい、別のルール（形ルール）を使わないといけないという点である。

このテストでは、3歳頃までは、ルールの切り替えが極めて難しい。たとえば、第1段階において、カードを色ルールで分けるように指示されると、3歳の

子どもでも正しくカードを分けることができるが，第2段階でまったく同じカードを形ルールで分けるように指示されると，正しくできない。つまり，最初に使ったルールを使い続けてしまい，新しいルールに切り替えることができないのである。4歳頃になると，少しずつ切り替えができるようになり，5歳頃になるとほぼ正しくルールを切り替えることができるようになる。ただし，5歳で発達が終わるわけではない。このテストでルールの切り替えが頻繁に起こると，5歳児でも柔軟にルールを切り替えることができなくなる。

さらに，認知的な側面は，青年期から成人期にかけても，引き続き緩やかな発達が続いていく。前述のルール切り替えテストを3歳から15歳くらいまでの参加者を対象にした研究では，ルールを柔軟に切り替える能力は，幼児期に急激に発達した後に，児童期から青年期に至るまで，緩やかな発達が続くことが示されている（Zelazo et al., 2013）。このように長い期間をかけて発達する認知的な自己制御能力であるが，成人期以降に加齢の影響を受けやすい能力でもある。第5章で詳しく述べられているように，高齢期において認知的な自己制御能力は機能低下し，その低下を他の能力でいかに補っていくかが問題になってくるのである。

次に，情動的な側面についてである。マシュマロ・テストやそれに類する満足の遅延課題において，子どもが待つことができる時間は幼児期に著しく長くなることが報告されている。2歳以下の子どもは目の前に自分の好きなお菓子や食べ物があると，待つことは全くできないがまんすることなく，すぐに手を伸ばしてしまう。2歳頃から少しずつ待てるようになり，3歳，4歳になると待つことができる時間が伸びていく（Steelandt, Thierry, Broihanne, & Dufour, 2012）。幼児期以降も発達は続き，今日もらえる少ないお小遣いと，明日もらえる2倍のお小遣いのように，日をまたぐようなテストでは，小学校3〜4年生頃から明日まで待つことができるようになる。

情動的な自己制御能力は，このように幼児期から児童期にかけて，順調に発達していく。ところが，最近の研究は，青年期においてこの能力が一時的に低下することが報告されるようになった。誰にでも身に覚えがあるだろうが，青年期には衝動的な行動を抑えるのが難しくなる。その結果として盗みや万引きのような犯罪行為に手を出してしまうこともある。詳細は第4章を参照してい

ただきたいが，マシュマロの代わりにお金を使ったような実験でも，児童期よりも，成人期よりも，青年期の被験者が最も衝動的な行動をとることが示されている。

5 成人期における自己制御

　青年期から成人期にかけて長期間をかけて発達してきた自己制御は，成人になっても様々な行動と関連することが知られている。まず，最も関係が強いのは，仕事の成績である。自己制御の能力が高い人は，仕事に取り組む時間が長く，問題があった場合にも粘り強く取り組むが，自己制御の能力が低い人は，ちょっとした誘惑に負けて，仕事に取り組まないので，仕事の評価も下がりがちである。会社経営の指南書などには，肥満の人や離婚を経験した人は出世できないという話もある。自分の食欲を管理したり，家族との関係の中で自分をうまく調整したりできない人が，上司として部下をうまく管理できるはずはないということである。

　自己制御は性的行動や浮気ともかかわる。性欲に負けてしまうことで，人生を狂わせる例は枚挙にいとまがない。性欲が恐ろしいのは，性欲に負けてしまうと，社会的立場を失ったり，家族を失ったりすることに直結してしまうことである。性的刺激は，私たちにとって大きな報酬になることが知られている。男性は特に視覚的な性的刺激に反応しやすく，性欲を抑えることに失敗しやすいので，要注意である。さらに，性的欲求を制御することができず，様々な罪を犯してしまうことすらある。性的犯罪や18歳未満の相手との淫行など，被害者の方に著しい精神的・肉体的ダメージを与えてしまう。このように，性欲を制御できない場合は，当人の人生はもちろんのこと，様々な方の人生を狂わせてしまう可能性すらある。

　これ以外にも，幸福感や精神的な健康とも自己制御能力は関係するし，タバコやお酒，ドラッグに，ギャンブルに依存するようになるか等々，青年期から成人期にとって様々な問題に自己制御はかかわってくる。このように，成人の日常的な行動や問題に対して，自己制御能力は非常に影響力を持っていることがこれまでの研究から示されている。

6 自己制御の脳内機構

　自己制御の脳内機構についても触れておこう。脳は，1000億個以上ともいわれるニューロンと，その働きを手伝うグリア細胞から構成されており，1400～1500グラム程度の重さである。脳は様々な領域から構成されているが，本書で触れられるのは高次な認知機能とかかわる大脳皮質と欲求などにかかわりがある大脳辺縁系である。

　大脳皮質の中でも，自己制御能力と最もかかわりのある脳領域は，前頭葉である。このことは，もともとは前頭葉を事故や病気で損傷した患者の報告から示された。ある前頭葉損傷患者は，非常に責任感が強く，親しみやすい人物だったのだが仕事中に事故に巻き込まれた。一命をとりとめたものの，前頭葉の一部の領域が損傷されてしまったのである。事故の後，この患者は，がまんすることができなくなった。この男性は，感情を抑えることができず，同僚への気配りもほとんどできなくなってしまったという。

　他にも喫煙をする前頭葉損傷患者が目の前にタバコを置かれると，タバコに手を伸ばして吸う行動を制御できなかったり，医師が目の前で手を合わせる様子を見ると，その行動をそのまま真似してしまい，その傾向を制御できなかったりする。このように，前頭葉損傷患者は，言語や視覚や聴覚などには障害が見られなくても，感情をコントロールしたり，行動を制御したりすることが難しくなる。このような研究結果から，前頭葉は，自己制御能力の中枢であることが指摘されるようになった。前頭葉の中でも，前頭前野が特に自己制御能力に重要な役割を果たしていることが明らかになっている。前頭前野も，大きく外側前頭前野，内側前頭前野，眼窩部の3つに分かれるが，いずれの領域も自己制御能力に重要な役割を果たしている（森口，2012）。

　まず，情動的な自己制御には前頭前野と，報酬に関する脳内処理を担う腹側線条体などの領域がかかわってくる。情動的な自己制御にはホットな側面とクールな側面から構成されると述べたが，腹側線条体，内側前頭前野，眼窩前頭皮質はホットな側面，外側前頭前野はクールな側面を担うことが知られている。たとえば，ある研究では，大人の参加者が，2つの選択肢を与えられた際の脳活動をfMRIを用いて計測した（McClure, Laibson, Loewenstein, &

Cohen, 2004）。この研究では，すぐにもらうことができる金銭的には少ない選択肢と，後でもらうことになる金銭的に多い選択肢を与えられる。この場合，すぐにもらえる選択肢を選んだ場合，ホットな側面が強いとみなすことができ，後でもらえる選択肢を選んだ場合はクールな側面がしっかりと調整していると考えることができる。

　この研究の結果，すぐにもらえる選択肢，つまり，ホットな側面が強い選択をする場合には腹側線条体や内側前頭皮質，眼窩前頭皮質などの脳領域の活動が認められた。一方，少し待つ選択肢，つまり，クールな側面が調整している選択をする場合には，外側前頭前野などの領域に活動に関連が認められた。ホットな側面と関係の強い領域の中で，特に腹側線条体などの領域は，報酬系と呼ばれる脳内回路の一部である。ドーパミンなどの神経伝達物質がこの経路で伝達される。報酬系は，食べものを食べたり，セックスをしたりするなどの本能的行動を快感として感じるとき，もしくは予想するときに活動する。

　一方，認知的な自己制御は，中央実行系回路といわれる神経回路が重要な役割を果たしている。この回路には，外側前頭前野と頭頂葉の一部領域が含まれる。例えば，ある研究では，健常な成人を対象に，上記のルール切り替え課題の際の脳活動を計測した。この課題は，前頭葉を損傷した患者が遂行することが難しいことが知られている。その結果，この課題においてルールを切り替える際には，背側および腹側の外側前頭前野などの中央実行系回路の主な領域が強く活動することが示された（Konishi et al., 1998）。特に，背側の外側前頭前野は，この課題に必要な情報を脳内に保持すること，腹側の外側前頭前野はルールを切り替えることに重要な役割を果たしている。これらの様々な領域が活動することでこの課題を遂行することができる。

　これらの神経回路は，乳幼児期から青年期，そして成人期を経て高齢期に至るまで長い期間をかけて発達していく。前頭葉自体は乳児期から機能していることが明らかになっているが，自己制御にかかわってくるのは幼児期以降である。筆者らは，これまで，幼児期から児童期にかけての外側前頭前野の発達について検討し，この領域が幼児期において著しく発達すること，自己制御の発達と関連することを示した（Moriguchi & Hiraki, 2009）。青年期においては，情動的な自己制御にかかわる回路が興味深い発達を示す。ホットな側面にかか

わる報酬系回路の活動が急速に強くなる一方で，クールな側面にかかわる外側前頭前野の活動は徐々にしか発達しないため，両者の間でアンバランスが起き，自己制御が難しくなる。高齢期においては，外側前頭前野の活動が徐々に弱くなり，自己制御が困難になっていくのである。

7 自己制御と障害

　ここまで自己制御の定型発達について見てきたが，次に自己制御の発達とかかわる障害について触れよう。近年特に自己制御の問題が指摘されるのが，神経発達症（発達障害）である。代表的なものとして，自閉スペクトラム症（ASD），注意欠如多動症（ADHD），限局性学習症（SLD），知的障害（ID）などがあるが，特に自己制御と関係するのがASD，ADHD，IDである。

　ASDは，社会コミュニケーションの持続的障害と反復する様式の行動，興味，活動という2つの側面から診断される。ASDといえば社会性の障害というイメージが強く，事実心の理論などに焦点を当てた研究が進展してきた（Baron-Cohen, Leslie, & Frith, 1985）。一方，反復する様式の行動，興味，活動に関わりそうなのが自己制御能力である。特に，認知的な自己制御能力の欠如とASDの関係が指摘されている。筆者らも，ASDの児童と定型発達の児童にルール切り替え課題を与え，その際の脳活動を計測した。その結果，ASDの児童は，定型発達の児童よりも，ルールの切り替えが難しく，外側前頭前野の活動が弱いことを示した（Yasumura et al., 2012）。ただし，様々な研究の結果を見てみると，ASDの子どもの一部が自己制御に問題を抱えているにすぎず，自己制御能力がASDの中心的な障害であるかについては異論も多いのが現状である。

　ADHDは，多動性，衝動性および不注意などの特徴を持つ。ADHDは前頭前野の障害と関連していると考えられおり，定型発達の子どもと比べると，前頭前野の体積がすくなかったり，前頭前野の成熟が遅かったりすることが示されている。ADHDに関しては，自己制御能力は中心的な障害といえるだろう。とりわけ，認知的自己制御の問題が数多く指摘されており，筆者らも定型発達の児童と比べて，ADHDの児童がルール切り替え課題に困難を示すこと，外側

前頭前野の活動が弱いことを示している。さらに，最近では，情動的な自己制御にも問題がある可能性が報告されている。特に，報酬系回路にも問題を抱える可能性が指摘されており，認知的・衝動的の両側面から自己制御の問題をとらえる必要があるだろう。

IDと自己制御の関係についても近年研究が進むようになってきた。知的障害は，知能テストの成績に基づいて，障害か否かが判断されていた。しかしながら，知能テストの成績が低いからといって，実際の社会生活で問題を抱えるとは限らない。社会生活に適応できるかどうかは，知能だけではなく，自己制御も重要であることが示されるようになってきている。研究はまだまだ少ないが，今後検討が進んでいくと考えられる。

8 自己制御の支援

最後に，自己制御が支援できるかという点について触れてみたい。自己制御の発達支援には，当人への支援と周囲への支援の2つからなされる。ここではそれぞれについて簡単に紹介しよう。

当人への支援を考えるときに，これまでの研究は，自己制御能力そのものを向上させるという支援が中心になっている。自己制御能力は鍛えることができるのだろうか。この点に関して，何らかの訓練を施して，その前後で自己制御能力の成績を比較し，成績が向上することを示す研究は多数報告されている。ここでの訓練は多様で，例えば，2週間の間，姿勢に気を付けて過ごし，意識的に背筋を伸ばすことを心掛けるように指示されるようなものから，コンピュータゲームをするようなものまである。成人期や高齢期はもちろん，最近では幼児期や児童期を含めて，最も使われているのがコンピュータゲームを用いた訓練である。代表的な研究者はスウェーデンのKlingberg博士らのグループで，ADHDの子どもへの支援プログラムを開発した（Klingberg, Forssberg, & Westerberg, 2002）。この方法では，基本的に，コンピュータを用いて様々な課題を用いて大量の練習を課し，その前後でがまん力や記憶力が改善するかが調べられる。現在のところ，わずかばかりの効果があると考えられている。

幼児期や児童期，高齢期などでは，次章以降詳しく見ていくが，運動，音楽，

マインドフルネスなどの個人を対象にしたプログラムや，保育プログラムや学校のカリキュラムなど，集団を対象としたものまであり，それぞれの効果が検討されている。結果は今後の研究の進展が待たれる。

　当人の支援以外に重要なのが，周りの環境の支援である。子どもであれば，養育者を対象にした支援が最も重要になるだろう。事実，親子関係が子どもの自己制御能力の発達に大きな影響を及ぼすことが報告されている。そのため，最近では子育てがうまくできない親を対象にしたトレーニングを施すところも出てきている。親を対象にしたトレーニングをペアレントトレーニングという。子ども自身を支援するだけではなく，子どもにとって重要な他者をトレーニングすることで，総合的に支援しようという考えである。まだ研究は始まったばかりだが，ある研究では，ジャマイカの発達支援が必要な子どもを持つ家庭に毎週支援者が家庭訪問をして，親子の遊び場面を観察した（Walker, Chang, Vera-Hernández, & Grantham-McGregor, 2011）。その際に，訓練を受けた支援者が，親子と一緒になって遊んだり，親に遊び方を教えたりして，親子関係を向上させるための支援を行った。この研究に参加した子どもたちが22歳になったときに親子関係の支援を受けた子どもたちは，支援を受けなかった子どもたちと比べて，暴力的な行動が少なく，犯罪をすることも減ったということである。

　青年期の場合は友人，成人期や高齢期では家族関係などのように，それぞれの発達期に応じて支援する対象は異なってくるが，当人以外の支援も今後は重要な課題になるだろう。

【文　献】

Baron-Cohen, S., Leslie, A. M., & Frith, U. (1985). Does the autistic child have a "theory of mind"? *Cognition, 21* (1), 37-46.
Diamond, A. (2013). Executive functions. *Annual review of psychology, 64*, 135-168.
Klingberg, T., Forssberg, H., & Westerberg, H. (2002). Training of working memory in children with ADHD. *Journal of Clinical and Experimental Neuropsychology, 24* (6), 781-791.
Konishi, S., Nakajima, K., Uchida, I., Kameyama, M., Nakahara, K., Sekihara, K., & Miyashita, Y. (1998). Transient activation of inferior prefrontal cortex during cognitive

set shifting. *Nature Neuroscience, 1* (1), 80-84. doi: 10.1038/283
McClure, S. M., Laibson, D. I., Loewenstein, G., & Cohen, J. D. (2004). Separate neural systems value immediate and delayed monetary rewards. *Science, 306* (5695), 503-507.
Mischel, W. (2014). *The Marshmallow Test: Mastering selfcontrol.* New York, NY: Little, Brown.
Miyake, A., Friedman, N. P., Emerson, M. J., Witzki, A. H., Howerter, A., & Wager, T. D. (2000). The unity and diversity of executive functions and their contributions to complex "frontal lobe" tasks: A latent variable analysis. *Cognitive Psychology, 41* (1), 49-100. doi: DOI 10.1006/cogp.1999.0734
Moffitt, T. E., Arseneault, L., Belsky, D., Dickson, N., Hancox, R. J., Harrington, H., . . . Ross, S. (2011). A gradient of childhood self-control predicts health, wealth, and public safety. *Proceedings of the National Academy of Sciences, 108* (7), 2693-2698. doi: 10.1073/pnas.1010076108
森口佑介. (2012). わたしを律するわたし：子どもの抑制機能の発達. 京都：京都大学学術出版会.
Moriguchi, Y., & Hiraki, K. (2009). Neural origin of cognitive shifting in young children. *Proceedings of the National Academy of Sciences, 106* (14), 6017-6021. doi: 10.1073/pnas.0809747106
Rothbart, M. K., Ellis, L. K., Rosario Rueda, M., & Posner, M. I. (2003). Developing Mechanisms of Temperamental Effortful Control. *Journal of Personality, 71* (6), 1113-1144. doi: 10.1111/1467-6494.7106009
Steelandt, S., Thierry, B., Broihanne, M.-H., & Dufour, V. (2012). The ability of children to delay gratification in an exchange task. *Cognition, 122* (3), 416-425.
Walker, S. P., Chang, S. M., Vera-Hernández, M., & Grantham-McGregor, S. (2011). Early childhood stimulation benefits adult competence and reduces violent behavior. *Pediatrics*, peds. 2010-2231.
Yasumura, A., Kokubo, N., Yamamoto, H., Yasumura, Y., Moriguchi, Y., Nakagawa, E., . . . Hiraki, K. (2012). Neurobehavioral and hemodynamic evaluation of cognitive shifting in children with autism spectrum disorder. *Journal of Behavioral and Brain Science, 2*, 463-470. doi: 10.4236/jbbs.2012.24054
Zelazo, P. D., Anderson, J. E., Richler, J., Wallner-Allen, K., Beaumont, J. L., & Weintraub, S. (2013). NIH Toolbox Cognition Battery (NIHTB-CB): Measuring executive function and attention. *Monographs of the Society for Research in Child Development, 78* (4), 16-33. doi: 10.1111/mono.12032
Zelazo, P. D., & Carlson, S. M. (2012). Hot and cool executive function in childhood and adolescence: Development and plasticity. *Child Development Perspectives, 6* (4), 354-360.
Zhou, Q., Chen, S. H., & Main, A. (2012). Commonalities and Differences in the Research on Children's Effortful Control and Executive Function: A Call for an Integrated Model of Self-Regulation. *Child Development Perspectives, 6* (2), 112-121. doi: 10.1111/j.1750-8606.2011.00176.x

第Ⅱ部

各時期の自己制御の発達とその支援

第Ⅱ部　各時期の自己制御の発達とその支援

第2章 幼児期の自己制御の発達とその支援

中道圭人

1　はじめに

「自分の思いが通らないとすぐに手が出る」,「気持ちが切り替えられない」,「全体での指示についていけない」等々。いずれも保育者や保護者から相談を受けた際に,よく耳にする言葉であろう。これらの内容は自己制御,つまり"その状況での目標や社会的ルール・価値に沿うように,自己の行動を制御すること"のつまずきとして捉えることができる。本章では,幼児期の自己制御の発達やその発達に影響する要因,自己制御のつまずきの支援について説明する。

2　日常場面での幼児の自己制御の発達

　日常生活での自己制御は,幼児期を通してどのように発達していくのか。表2-1は,日常生活での行動を3～7歳の子どもがどのくらい制御できるかを,養育者に評定してもらった結果を示している。表2-1の中で,「△」はそれぞれの項目の通過率が50～69%,「〇」は通過率が70～84%,「◎」は通過率85％以上であることを意味する。この結果に基づくと,4～5歳頃にかけて,多くの幼児が様々な場面で行動を制御できるようになっていく。

　また,幼児の自己制御の発達は,幼稚園・保育所といった集団場面でも見られる。柏木(1988)は,幼稚園・保育所における自己制御を「自己抑制(自分の欲求や行動を抑制する)」と「自己主張・実現(自分の意志や欲求を明確に持ち,それを適切な形で表出し,実現する)」の2側面に分けて検討した。たとえば,自己抑制は「遊びの中で自分の順番を待てる」「仲間と意見の違う時,自分の意見だけを押し通そうとしない」「悲しいこと,悔しいことなどの感情をす

第2章 幼児期の自己制御の発達とその支援

表2-1　3〜7歳児の「自己統制」項目の通過率（田中教育研究所, 1979に基づき作成）

No.	項目内容	3歳	4歳	5歳	6歳	7歳
2.	雨の日などは, 室内で親や先生を困らせないで遊べる	○	◎	◎	◎	◎
4.	友だちの食べている物には, 手を出したりしない	○	◎	◎	◎	◎
7.	あぶないと言われた所には近よらない	○	○	◎	◎	◎
5.	病気のとき, おとなしくねていることができる	○	○	○	◎	◎
8.	あぶないと言われた遊びはしない	○	○	○	○	◎
1.	友だちの玩具をほしがって, 無理に取らない	△	◎	◎	◎	◎
3.	夜, 明かりがついていれば, ひとりでトイレに行ける	△	○	◎	◎	◎
6.	おなかをこわしたとき, おやつをがまんすることができる	△	○	○	◎	◎
10.	よく言って聞かせると, いやなことでもがまんしてやる	△	△	○	○	◎
11.	いけないと言われたら, おねだりしないでがまんする	△	△	○	○	◎
12.	お客さまに出されたお菓子には手を出したりしない	△	△	○	○	◎
9.	みんなと一緒のときは自分勝手なことをしない	△	△	○	○	○
13.	約束したことは守れる		△	○	○	◎
16.	外へ遊びに出ても, 約束を守って帰ることができる		△	○	○	◎
14.	少しぐらいの怪我では泣かない		△	○	○	◎
17.	見たいテレビ番組でも, 見ないでがまんすることができる		△	○	△	◎
15.	自分より小さい子のわがままを許すことができる		△	○	○	○
18.	年下の子が自分のおもちゃなどをいたずらしても怒らない		△	△	○	○
20.	2, 3時間ぐらいなら, ひとりで留守番ができる			○	○	○
19.	自分が負けても, 怒ったり騒いだりしない			△	△	○

△：通過率が50%〜69%　○：通過率が70-84%　◎：通過率が85%以上

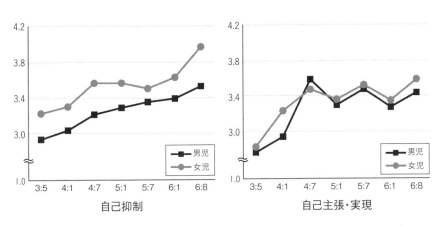

図2-1　幼児期の社会的場面での自己制御の発達（柏木, 1988に基づき作成）

ぐに爆発させずに抑えられる」など，自己主張・実現は「嫌なことは，はっきりいやと言える」「遊びたい玩具を友達が使っている時，『貸して』と言える」「他の子に自分の考えやアイディアを話す」などの行動である。図2-1は，3～6歳クラスを担当する保育者に，担当クラスの幼児それぞれの自己抑制と自己主張・実現を5段階で評定してもらった結果を示している。自己抑制の評定点は3～6歳で増加すると共に，いずれの年齢でも女児で高くなっていた。一方，自己主張・実現の評定点は3歳から4歳半までは増加するが，それ以降は横ばいになっていくようであった。

3 幼児期の自己制御能力の測定

　ある状況での目標や社会的ルールに沿って行動するためには，その目標・ルールを覚えておく，目標・ルールと関係のない情報を無視する等の認知的な制御能力や，目標・ルールを達成するために自分の欲求や感情を抑えるといった情動的な制御能力が必要とされる。本節では，これらの認知的あるいは情動的な自己制御能力それぞれの測定や幼児期での発達的変化について説明する。

(1) 認知的な自己制御能力の測定

　認知的な自己制御能力の中核は，実行機能である。実行機能は，ある目標を達成するために思考・行動を制御する能力で，抑制機能，ワーキングメモリ，シフティングの大きく3つの側面を持つ。抑制機能は，目標達成と関係のない不適切な情報や衝動的な反応を抑制する能力である。ワーキングメモリは，ある情報を処理しながら，必要な情報を覚えておく能力である。シフティングは，思考や行動を柔軟に切り替える能力である。これら3つの側面は独立的ではなく，相互に関連しながら，実行機能を構成している。以下では，これら実行機能の3側面に沿って，特別な装置をあまり必要とせず，幼児の日常での活動とも比較的近い課題や，その課題の遂行の発達的変化について説明する。

　まず抑制機能に関して，代表的な測度の1つは昼－夜課題である。これは成人のストループ課題を改変した課題で，「太陽」の絵カードや「月」の絵カードを幼児に提示し，それぞれの絵とは逆さまの言葉を言うように幼児に求める

(例：太陽の絵に「夜」，月の絵に「昼」と言う）。幼児がこの課題に正しく反応するためには，それぞれの絵から喚起される情報を抑制しなければならない。また，別の抑制機能の測度として，クマー竜課題がある。クマー竜課題では，調査者はクマと竜のパペットを使い，優しいクマがある行動（例：鼻を触って）をするよう言った場合には，その行動をするが，意地悪な竜が言った場合には行動しないように幼児に求める。この課題に正しく反応するために，幼児は運動的な反応を抑制する必要がある。

次にワーキングメモリに関して，典型的な測度の1つが，数字あるいは単語の逆唱課題である。この課題では，調査者が読み上げた数列・単語を，読み上げた順番とは逆の順番で答えるように幼児に求める（例：調査者が「3，5，7」と言った場合，「7，5，3」と答える）。数字の逆唱課題はWISC等の知能検査の一部にもなっている。また，逆唱が難しい年少の幼児に実施する課題として，カウンティング・ラベリング課題がある。この課題では，調査者が一連の行為（3つの玩具を提示し，それぞれの名前を言い，次に玩具を数え，最後に"1は○○，2は××，3は□□"と数と名前を一緒に言う）を行い，その一連の行為を別の玩具で行うように幼児に求める。いずれの課題でも，幼児は正しい反応のために，必要なルールや情報を覚えておくと同時に，求められた情報の処理を行うことが必要になる。

さらに，シフティングの測度として，DCCS（Dimensional Change Card Sort）課題がある。これは，成人で古くから使用されてきたウィスコンシン・カード分類課題（WCST）を簡易化したものである。DCCS課題では，色と形の組合せが異なる事物（例：「黄色の車」「緑色の車」「黄色の花」「緑色の花」）が描かれたカードを幼児に提示する。最初は，カードをいずれかの属性（例：色）に基づいて分類してもらう。そして途中で分類の仕方（ルール）を変更し，カードを異なる属性（例：形）に基づいて分類してもらう。この課題では，幼児がルールに従って，柔軟に反応を切り替えることができるかを測定している。

表2-2は，上記で紹介した5つの課題の遂行の発達的変化を示している。表2-2の数値は，各課題の通過基準を満たした幼児の割合（通過率）である。各課題の通過率が示すように，幼児期を通して実行機能の能力は向上していく。

表2-2　認知的な自己制御課題の通過率(Carlson, 2005に基づき作成)

	3歳前半	3歳後半	4歳前半	4歳後半	5-6歳
昼-夜課題	50%	47%	48%	68%	-
			(昼-夜課題での通過基準：正反応が16試行中12試行)		
クマ-竜課題	51%	76%	88%	94%	100%
			(クマ-竜課題での通過基準：正反応が5試行中4試行)		
数字逆唱	9%		17%	37%	69%
				(数字逆唱での通過基準：3桁以上)	
カウンティング・ラベリング		26%	55%	71%	77%
			(カウンティング・ラベリングでの通過基準：正反応が2試行中2試行)		
DCCS	10%	25%	48%	76%	-
			(DCCSでの通過基準：正反応が3試行中3試行)		

(2) 情動的な自己制御能力の測定

　情動的な自己制御の能力は，欲求や情動を生じさせる実験的場面あるいは日常の遊び場面での行動や表情の観察などによって測定される。実験場面での代表的な測度として，ミシェル（Mischel, W., 2014）が幼児を対象に行った満足の遅延課題，通称「マシュマロ・テスト」がある。マシュマロ・テストでは，まず幼児にマシュマロを含むお菓子の内，どれが好きかを尋ねる。その後，実験者は幼児の好きなお菓子（例：マシュマロ1個）を机の上に置いて退室するが，その際，実験者は「私が戻ってくるまで待つことができれば，より良い報酬（例：マシュマロ2個）をもらえる」ことを幼児に伝える。このような状況に直面した幼児がどれくらいがまんできるのかを測定する課題である。ある実験では，がまんの仕方等を教えない場合，15分以上がまんできた4歳児はいなかった。また別の実験では，がまんできた平均時間は幼児で6分25秒，小学3年生で11分25秒であった。特に年少の幼児にとっては，目の前のお菓子を食べたい欲求を抑制することは困難なようであった。

　また，別の測度としては期待外れのプレゼント課題がある。この課題では，複数のプレゼントの中から幼児が最も欲しい物や欲しくない物を事前に尋ねておき，調査者は面接の最後に，幼児が最も欲しくない物をプレゼントする。その際に，幼児がどのように行動するかを観察する課題である。社会的な規範

(例：プレゼントをくれた人の気持ちを考慮して，嫌な顔をしない）に沿って，自分の行動を制御できるかを測定している。この課題では，4〜5歳頃までにはネガティブな表情や発言を抑制できるようになることが示されている。

4 幼児の自己制御と適応の関連

　幼児期の自己制御の能力は，同時期の適応と関連している。たとえば，欧米の研究では，幼稚園・保育所や家庭において反社会的な行動（例：他者に対して攻撃する）が多い幼児は，認知的あるいは情動的な自己制御課題の成績が低いことが示されている。欧米と同様，日本の5〜6歳児を対象とした筆者の研究（Nakamichi, 2017）でも，認知的・情動的な自己制御課題の両方の成績が低い場合にのみ，幼稚園・保育所での仲間関係に不和が生じるが，いずれかの成績だけが低い場合には仲間関係に不和が生じないことが示されている。

　また近年，自己制御が注目されている理由の1つは，幼児期の自己制御が後の適応を予測する可能性があるためである。たとえば，前述のミシェルは，マシュマロ・テストに参加した幼児を長期にわたり追跡調査した。その結果，幼児期のマシュマロ・テストでがまんできる時間の長さは，青年期や成人期の様々な認知的・社会的な能力や適応状態を予測した。たとえば，幼児期にがまんできた時間の長かった人は時間の短かった人と比べて，米国の大学進学適性試験（SAT）において平均で210点高かった（国語・数学の2教科で1600満点）。また，幼児期により長くがまんできた人は，成人期での対人的な問題が少なく，肥満指数も低かった。

　このミシェルの研究をはじめ，欧米の多くの研究が，幼児期の自己制御が後の適応に及ぼす影響を示している。日本でも，幼児期の自己制御が後の適応に及ぼす影響に関する研究が徐々に進められている。現在進行中の筆者らの研究では，幼稚園の年長時点での認知的・情動的な自己制御，心の理論，社会的な問題解決それぞれの能力が，彼らの後の学業成績や仲間関係に及ぼす影響を検討している。心の理論の能力とは「他者の行動の背後にある心的状態を推測する能力」，社会的問題解決の能力とは「対人場面において，その状況に適した行動を選択する能力」のことである。小学校1年生までの関連を見ると（図2-2），

幼児期の認知的・情動的な制御は心の理論や社会的問題解決を介して，同時期の仲間関係の適応（仲間からの受容）を予測すると共に，小学校1年生時点での学業成績を直接的に予測した。少なくとも日本でも，幼児期の自己制御能力はスクール・レディネス（学校適応を可能にする基本的な能力・スキル）の1つになっているようである。しかし，欧米に比べて日本での研究は少なく，幼児期の自己制御が後の適応に及ぼす影響を明らかにするためには，さらなる研究が必要であろう。

5 幼児期の自己制御を育む要因

　幼児期における自己制御能力の発達には，複数の外的要因（家庭・養育環境，保育・教育環境，文化・社会・地域環境）が重複する形で影響を及ぼしている（図2-3）。本節では，主に実行機能の発達への影響に関する研究成果に基づいて，それぞれの要因の影響について説明していく。

（1）家庭・養育環境の影響

　家庭・養育環境に関する要因の1つとして，世帯収入などの家庭の社会経済的な状況（Socio-Economic Status: SES）が挙げられる。たとえば米国では，

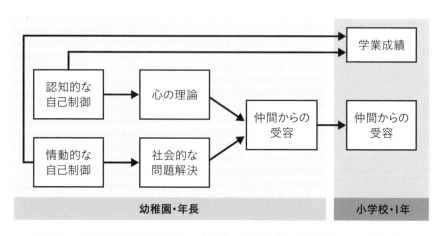

図2-2　幼児期の自己制御能力が小学校1年生時点の学校適応に及ぼす影響

家庭のSESが国勢調査局の貧困基準を下回る場合，家庭のSESが平均的な場合と比べて，幼児の抑制課題の成績が低いことが示されている。しかし，このSESの影響は固定的ではなく，変動しうるものである。同じ家庭でもSESが変化すれば，その家庭の幼児の課題成績も変化する。また，SESの影響は直接的というより，間接的なものである。家庭のSESの低さは，養育者の子どもに対する養育の質を低下させ，結果として，子どもの課題成績の低さをもたらす。つまり，家庭のSESは自己制御に関する発達的リスクを査定する指標の1つとはなるが，それが決定的な原因ではないことに注意すべきである。

また，別の要因として，養育者の養育態度・行動が挙げられる。親と子どもとの相互作用場面における養育者の働きかけと幼児の実行機能の関連に関する研究結果をまとめると，以下のような養育態度・行動が幼児の実行機能を育んでいると考えられる：①子どもの反応への敏感性（例：子どもの要求に対して適切に，一貫性をもって反応する）；②マインド・マインドネス（例：子どもや養育者自身の心の状態に言及する）；③課題に取り組む際の，子どもの主体性を重視した働きかけ（例：養育者がやるのではなくてヒントを与える，子どものペースに合わせて取り組む）；④取り組んでいる課題に対する子どもの注意を持続させる働きかけ，活動への注意が逸れた場合に再び注意を向けさせる働きかけ（例：活動に関して質問・コメントする，活動で使う事物への指さしや事

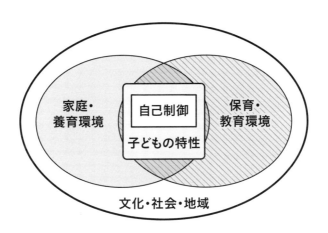

図2-3　幼児期の自己制御の発達に影響する要因

物の手渡し)。これとは逆に，養育者が子どもへの過度に管理的で否定的な態度（例：子どもが望ましい行動をするまで話しかけない，身体的な罰を与える，子どもが煩わしいときに叱る）をとることが，抑制機能にネガティブな影響を持つようである。

　ここで留意すべき点は，養育者の養育態度・行動が幼児の実行機能に及ぼす影響は，幼児自身の他の特性（気質的傾向，性，言語能力，社会性，等）によって変化するということである。たとえば，課題への注意を持続させる働きかけの影響は，感情をあまり示さない幼児より，ネガティブあるいはポジティブな感情を示しやすい幼児において大きい。また，養育者の敏感性の影響は，女児より男児で大きい。このため，養育者の態度・行動だけに注目するのではなく，幼児が持つ様々な特性との組み合わせを常に考慮する必要がある。

(2) 保育・教育環境の影響

　保育・教育環境に関して，いくつかの教育カリキュラムが，幼児の実行機能の発達にポジティブに働く可能性が示されている。その中には，伝統的な教育法の1つであるモンテッソーリ教育や，比較的新しいTools of the Mind（ヴィゴツキーの考えに基づく，遊びを中心としたカリキュラム）などが含まれている。ダイアモンド（Diamond, A., 2012）は，それらの実行機能の発達を促しうるカリキュラムが以下のような特徴を含むことを指摘している：①実行機能を働かせるのを手助けし，より高いレベルへの挑戦を促している；②保育室・教室内でのストレスを減らしている；③人前での恥ずかしい思いを子どもにあまりさせない；④子どもの喜び，プライド，自信を培っている；⑤能動的で実用的な取り組みを行っている；⑥活動の進捗度合いの異なる子どもに余裕をもって対応している；⑦学業的能力の向上だけでなく，人格形成も重視している；⑧話し言葉を重視している；⑨子ども同士で教え合いをさせている；⑩社会的スキルや人との結び付きを育成している。

　もちろん，これらの教育カリキュラムの効果の大きさや持続性はまだ確定的なものではなく，さらなる検討が必要である。それを留意した上で，上記の特徴に関して保育者・教師が自分の実践している活動の内容を見直すことは，実行機能の能力を育むことに繋がる可能性がある。

特に，日本の保育・幼児教育の内容を踏まえると，実行機能の能力が「幼児の主体的な遊び」の中でどのように育まれるかは関心事の1つとなる。最近，幼児期の実行機能がふり・ごっこ遊びと関連し，ふり・ごっこ遊びへの参加が幼児の実行機能の発達を促す可能性が示されている。たとえば，ある研究（Thibodeau et al., 2016）では，3〜5歳児を3群（空想的ふり遊び群，非想像的遊び群，統制群）に分け，それぞれの幼児の介入前・介入後の実行機能課題の成績を比較した。空想的ふり遊び群の幼児はテーマ（例：月に冒険に行き，宇宙生物と遭遇する）を与えられ，3〜6名のグループで，そのテーマに沿った内容を自分たちで考え，ふり遊びを行った。この際，教師は幼児の主体性を重視したかかわり方をした（例：求められた時だけ，手助けする）。非想像的遊び群の幼児は，実行機能をあまり必要としない活動（例：歌う，色塗り）を行った。これらの2群での介入は1回15分，5週間で25回実施された。統制群では，特別な活動を導入せず，通常の活動が行われた。介入前の課題成績を考慮した分析の結果，空想的ふり遊び群の幼児は非想像的遊び群と比べて，ワーキングメモリなどに関する実行機能課題の成績が良いことが示された。これは，現実とは異なるふり・ごっこの設定を計画し，その設定に基づきながら活動したことによってもたらされたと考えられる。この結果を踏まえると，保育者・教師が主導する活動や教え込みでなく，日本の保育・幼児教育が行ってきた「幼児の主体的な遊び」の中で培われるものに目を向けることが重要といえよう。

（3）文化・社会・地域環境の影響

　自己制御能力やその表れとしての実際の行動との関連には，その幼児が暮らす文化・社会・地域といった要因が影響している。たとえば，子どもの自己制御能力の高さは，西洋文化圏にある米国では外向性／積極性の高さと関連するが，東洋文化圏にある中国ではネガティブな感情の少なさと関連する（Posner & Rothbart, 2007）。これは，米国では外向性／積極性といった特性が高く評価される一方で，中国では伝統的に慎み深さが重視されるため，それぞれの文化的価値に即した形で自己制御能力の表れが異なったと考えられている。日本を含めた文化比較や社会・地域に関する研究は少なく，日本の文化や社会・地域が実行機能に及ぼす影響は未知数ではある。だが，その地域の住人や関係機関

が連携して子どもの発達を考えるためにも，家庭や学校だけでなく，より広い環境要因の影響を考慮することは重要な視点の1つとなる。

6 幼児期における自己制御のつまずきの支援

　前節を踏まえると，自己制御のつまずきを示す幼児に対する支援として，幼児への直接的な介入だけでなく，保育者・教師や養育者への間接的な介入も含めた包括的なアプローチが比較的有効だと考えられる。本節ではその一例として，IYトレーニング（Incredible Years Training Series）を紹介する。

　IYトレーニングは，自己制御のつまずきに由来するような問題行動（例：攻撃，ルール違反，反抗的態度）を示す乳幼児や児童への治療・介入のために，ウェブスター-ストラットン（Webster-Stratton, C.）と共同研究者により開発され，養育者，子ども，保育者・教師それぞれに対するプログラムを用意している。たとえば，養育者対象のトレーニングでは，「子どもとの遊び方」「子どもの励まし方，ほめ方」「子どもへの指示の与え方」「問題の解決方法の子どもへの教え方」「親自身の感情のコントロールの仕方」「教師との協働の仕方」等のプログラムが含まれている（Webster-Stratton, 2005）。子ども対象のトレーニングでは「自分や他者の感情への気づき」「問題解決の方法」「親切にする方法」「友達と話す方法」等の，保育者・教師対象のトレーニングでは「クラスでの行動上の問題の予防や軽減の方法」「子どもとのポジティブな関係の作り方」等のプログラムが実施される。

　このIYトレーニングは，ランダム化された比較調査でも，子どもの問題行動の改善や，保育者・教師や養育者の行動のポジティブな変化といった効果が確認されている。ただし，IYトレーニングは米国文化に合わせた内容であり，日本文化にあまり馴染まない方法（例：タイムアウト）も含んでいる。また，調査対象の多くは，高リスクの家庭・地域環境（例：貧困率や犯罪率が高い）に暮らす子どもである。そのため，日本の，低リスクの家庭・地域環境に暮らす幼児への適用には十分に留意する必要がある。しかしながら，子どもに加えて，保育者・教師や養育者に対する包括的なアプローチ自体は，自己制御のつまずきを示す幼児を支援するための道筋の1つを提供していよう。

7 おわりに

　日常生活の中で行動を制御することやそれを可能にする能力（実行機能）は，幼児期を通して発達していく。また，その発達には幼児自身の特性，家庭・養育環境，保育・教育環境，そして文化・社会・地域環境が複雑に絡まり合っている。幼児期における自己制御を育んでいくために，単一の要因だけでなく，それら複数の要因に考慮していく必要がある。また，幼児の自己制御のつまずきの原因は一様ではない。そのため，幼児自身だけでなく，その幼児の周囲にいる保育者・教師や養育者を含めた支援のあり方が必要となる。

【文　献】

Carlson, S. M.（2005）. Developmentally sensitive measures of executive function in preschool children. *Developmental Neuropsychology, 28*, 595-616.
Diamond, A.（2012）. Activities and programs that improve children's executive functions. *Current Directions in Psychological Science, 21*, 335-341.
柏木惠子（1988）．*幼児期における「自己」の発達：行動の自己制御機能を中心に*．東京：東京大学出版会．
Mischel, W.（2014）. *The marshmallow test: Understanding self-control and how to master it.* Great Britain: Bantam Press.（柴田裕之（訳）（2015）．*マシュマロ・テスト：成功する子・しない子*．東京：早川書房．）
Nakamichi, K.（2017）. Differences in young children' peer preference by inhibitory control and emotion regulation. *Psychological Reports, 120*, 805-823.
Posner, M. I., & Rothbart, M. K.（2007）. *Educating the human brain*. Washington, DC: APA.（無藤隆（監修），近藤隆文（訳）（2012）．*脳を教育する*．東京：青灯社．）
田中教育研究所（1979）．*TK式幼児発達検査手引*．東京：田研出版．
Thibodeau, R. B., Gilpin, A. T., Brown, M. M., & Meyer, B. A.（2016）. The effects of fantastical pretend-play on the development of executive functions: An intervention study. *Journal of Experimental Child Psychology, 145*, 120-138.
Webster-Stratton, C.（2005）. *The Incredible Years: A trouble-shooting guide for parents of children aged 2-8 years.* Seattle, WA: Incredible Years Inc.（北村俊則（監訳）・大橋優紀子・竹形みずき・土谷朋子・松長麻美（訳）（2014）．*すばらしい子どもたち：成功する育児プログラム*．東京：星和書店．）

第3章 児童期の自己制御の発達と運動による支援

石原　暢・紙上敬太

1 はじめに

　初等教育から中等教育期間である児童期において，様々な葛藤の中で自分の行動を制御する自己制御能力は，学習場面に留まらず，良好な生活習慣の構築（食習慣，運動習慣など）や健康問題行動（飲酒，喫煙，薬物乱用など）のリスク低下など，あらゆる生活の側面に重要な役割を果たす。本章では，まず児童期における自己制御の重要性と発達の基礎について概説し，次に近年注目されている運動の効果に関する知見を紹介する。

2 児童期における自己制御の重要性

　学校教育が始まる児童期には，学業成績や学校での社会性（友人関係など）が重要になってくる。授業中に集中して課題に取り組むことや，家庭における様々な誘惑（テレビゲームやマンガなど）に負けずに勉強に取り組むことに自己制御能力が欠かせないことは想像できるであろう。これまで，実行機能に注目し，児童期の自己制御能力と学業成績の関係を検討した研究は数多く行われている。物事に集中しなければならない時，物事を自動的・直感的に処理することができない時，脳はトップダウン的に司令を出して思考や行動を制御しなければならない。このような脳内で行われるトップダウンプロセスの総称が実行機能である。実行機能には様々な要素が含まれるが，本章では自己制御の認知的側面として実行機能を定義する。7～8歳の児童を対象とした研究において，実行機能が高い児童は学業成績も高いことが示されており（Gathercole, Pickering, Knight, & Stegmann, 2003），さらに，そのような関係は児童期か

ら青年期まで年齢に関わらず認められるようである（Best, Miller, & Naglieri, 2011）。これらの知見は，児童期に自己制御能力を鍛えることで学業成績が向上する可能性があることを示唆している。

　児童期における実行機能と学校における社会性の関係を検討した研究も報告されている。8〜13歳の児童を対象にした研究では，実行機能を評価するテストの成績が高い児童ほど向社会的な行動（協力行動など）が多く，クラスメートから好かれていることが示されている（Zorza, Marino, & Acosta Mesas, 2016）。これらの結果から，児童期の自己制御能力は，学校生活を充実したものにするために重要な役割を担っていると考えることができるであろう。

　児童期の自己制御能力は良好な生活習慣（運動習慣，食習慣）の構築にも寄与することが報告されている。小学4年生を対象としたアメリカの研究では，実行機能が高い児童は野菜の摂取量が多く，ジャンクフードの摂取量が少ないこと，身体活動量が多いことが示されている（Riggs, Chou, Spruijt-Metz, & Pentz, 2010）。児童期の食習慣や運動習慣は成人後のそれらの習慣を予測するため（Hallal, Victora, Azevedo, & Wells, 2006, for a review; Mikkilä, Räsänen, Raitakari, Pietinen, & Viikari, 2004），児童期における自己制御能力が将来の健康状態に影響を与える可能性があると言えるのかもしれない。

　第1章でも触れられているように，ニュージーランドで行われた大規模な縦断的調査では，自己制御能力が高い子どもは32歳時点でより年収が高く，健康状態が良好であり，違法行為を起こす可能性が低いことが示されている（Moffitt, Poulton, & Caspi, 2013）。さらに，自己制御能力が同等である場合，児童期に問題行動（喫煙，退学など）を起こした者は，年収が低く，健康状態が悪く，違法行為を起こす可能性が高いことも示されている。これらの結果は，児童期において自己制御能力を育むとともに，問題行動を起こさないよう支援することの重要性を示していると言えるだろう。

　もちろん，自己制御能力のみが優れた学業成績や成人後の生活の豊かさと関係するわけではなく，環境的要因もそれらに深く関わると考えられる。イギリスで行われた同性の二卵生双生児を対象とした大規模なコホート研究（Environmental Risk Longitudinal Twin Study）では，双子のうち5歳の時点で自己制御能力が優れていた子どもは，12歳の時点でその兄弟・姉妹と比較

して学業成績が高く，喫煙リスクが低く，犯罪を起こす可能性が低いことが示されている（Moffitt et al., 2013）。この研究は，環境的要因とは独立した自己制御能力の重要性を示している。

このように，児童期における自己制御能力の発達支援は，生涯に渡り良好な生活習慣を構築するため，健康的かつ豊かな生活を営むために重要であると考えられる。

3 児童期の自己制御の発達の基礎

自己制御能力は幼児期に著しく発達し，この発達は児童期以降も継続する。認知的側面である実行機能の基盤をなす下位要素（抑制機能，ワーキングメモリ，シフティング）は19歳以前に成熟し（Huizinga, Dolan, & van der Molen, 2006; Luna, Garver, Urban, Lazar, & Sweeney, 2004），より高次な実行機能（計画性や目標志向的な行動）の発達はさらに遅く，20～29歳の間に成熟することが報告されている（De Luca et al., 2003）。また，年齢によって児童・生徒を3つのグループ（9～10歳，11～13歳，14～17歳）に分け，自己制御の認知的側面（Go／No-go Task：抑制機能，Digit Span Task：ワーキングメモリ）と情動的な側面（Iowa Gambling Task）の発達変化を検討した研究では，自己制御の情動的な側面は認知的な側面に比べて遅れて発達が見られることが示されている（Hooper, Luciana, Conklin, & Yarger, 2004）。このように，自己制御の情動的な側面の発達は，実行機能の下位要素の発達と比較してやや遅いようである。

自己制御を主に司る脳領域は前頭部に位置する前頭前野であることが知られている。前頭前野はブロードマンの脳地図では，8野の一部と，9～11野，44～47野に該当するとされている。前頭前野の眼窩部は，感情・情動に基づく意思決定や行動（情動的な側面）に深く関わり，背外側部は思考や注意（認知的な側面）に深く関わる。児童期においては，暦年齢よりもむしろ前頭前野の解剖学的な発達度合いが自己制御能力と関係することが知られている。自己制御の発達と同様に，前頭前野の発達は他の皮質と比して遅く始まり長く持続する。

児童期において，前頭前野は構造的・機能的に劇的な変化を見せる。前頭前

野の発達と成熟の指標となる皮質の厚さと容量は，幼児期から児童期にかけて増大し，12歳前後でピークに達し，その後緩やかに減少していく。これは，必要なシナプス結合が強められ，不要なシナプス結合が除去されるためだと考えられている。fMRIを用いて自己制御が要求される認知課題中のBOLD (Blood oxygenation level dependent) 信号の発達変化を調べた研究においても，皮質の厚さと同様に，課題中の脳活動は逆U字の経過をたどることが示されている。このように，児童期には自己制御を司る前頭前野の変化が著しいため，幼児期と同様に自己制御の発達支援を考えるには大切な時期であると言えるだろう。

4 運動による自己制御の発達支援

　これまで述べてきたように，児童期は自己制御能力の発達が顕著な時期であり，児童期の自己制御能力は学業の成功をはじめとする生活の様々な側面と関係する。このような背景から，児童期の自己制御能力の発達支援に関する研究が多方面から進められている。自己制御能力の発達支援を目的に効果が検討されているものに，運動，音楽，武道，マインドフルネス，コンピュータートレーニングなどがある（Diamond & Lee, 2011, for a review）。本節では，その中から，近年特に注目され，右肩上がりで研究数が増えている運動の効果に関する知見を紹介する。

　運動に伴う体力向上および適正体重の維持は，身体的な健康リスク（心血管疾患や2型糖尿病など）の低下に寄与することは周知の事実であろう。さらに，ここ10年の研究を俯瞰すると，運動は児童期における自己制御能力の発達にも影響を与えるようである。当該分野の研究では，特に自己制御の認知的側面（実行機能）に焦点が当てられているため，本節では主に実行機能について取り上げることにする。運動と児童期の実行機能の関係を検討したこれまでの研究は，一過性の運動（例えば20〜30分間の運動）直後の実行機能の変化に注目したものと，長期的な運動が実行機能に与える効果を検討したものに大別される。

(1) 一過性の運動の効果

　メタ解析（過去の複数の研究成果をまとめて分析する手法）を用い，2006年から2015年の間に発表された40編の研究成果をまとめた研究では，一過性の運動直後には児童の実行機能が高まることが結論づけられている（Ludyga, Gerber, Brand, Holsboer-Trachsler, & Pühse, 2016, for a review）。例えば，米国イリノイ大学で行われた研究では，8～10歳の児童40名を対象に，20分間のトレッドミル上での走運動（最大心拍の65～75％の強度）の直後，または20分間の読書の直後に実行機能の下位要素の1つである抑制機能と学力テストのスコアを評価している（Pontifex, Saliba, Raine, Picchietti, & Hillman, 2013）。その結果，読書後と比較して運動後に抑制機能が向上し，さらに学力テストのスコアが高くなったことが示されている。

　では，どのような運動（強度・実施時間・種類）が児童の実行機能の向上に効果的なのだろうか。成人を対象に行われた研究では，運動強度と運動による実行機能の変化の間には逆U字の関係があることが示されている（Kamijo et al., 2004）。つまり，中強度運動は実行機能を高めるが，運動強度が低すぎたり高すぎたりする場合には効果が得られにくいということである。児童を対象に，運動強度に焦点を当てた研究は見当たらないが，中強度運動後に児童の実行機能が高まることを示した研究が多数報告されていることから（Ludyga et al., 2016, for a review），少なくとも，児童においても中強度運動は実行機能を向上させると考えられる。

　運動強度と同様に，運動の実施時間と運動が実行機能に与える効果との間にも逆U字の関係があるようである。成人を対象に運動時間が実行機能に与える効果を評価した研究では，20分間の自転車運動後には実行機能が改善した一方で，10分間，45分間の運動後にはそのような影響が認められていない（Chang et al., 2015）。メタ解析を用いた研究においても，10分未満の短時間の運動が実行機能に与える効果は小さく，10分以上の比較的長い運動後にはその効果が大きくなることが示されている（Chang, Labban, Gapin, & Etnier, 2012, for a review）。児童を対象とした研究でも，10分前後の運動の効果を調べた研究では，運動が実行機能を向上させたという報告と向上させなかったという報告が

あり，見解が一致していない。一方，20〜30分間の運動をさせた研究では，運動後に実行機能が向上するという見解で一致している。

運動の種類については，現段階ではあまり検討されていない。実行機能の改善に効果的な運動の種類を明らかにすることは，児童期の実行機能の発達支援の手段として運動プログラムを考える際に重要である。児童期における実行機能の発達を促進させるアプローチとして，コンピュータートレーニングの介入が効果的であることが報告されている（Diamond & Lee, 2011, for a review）。例えば，8〜10歳の児童を対象に実行機能の下位要素の1つであるシフティングが要求されるコンピュータートレーニング（Switch Taskを週1回，1回60〜70分，合計4回）を行わせた場合，トレーニングした課題の成績が向上しただけでなく，他の実行機能の下位要素（抑制機能とワーキングメモリ）が要求される課題成績も向上したことが報告されている（Karbach & Kray, 2009）。これらの知見を踏まえれば，実行機能が要求される運動は，運動自身が実行機能に与える効果に加えて，実行機能を使うことによる付加的な効果をもたらすことが期待される。

実行機能が要求される運動の1つに協調運動が挙げられる。協調運動とは，複数の器官（例えば，両側の手足や目）の動作を協調させて実施する運動のことである。協調運動は自動化されている運動（無意識化で行える運動，例えば自転車に乗るなど）を抑制し，大脳からのトップダウンの行動制御を伴うため，実行機能が要求されると考えられる。協調運動（左右の手で同時にドリブルをするなど）と協調運動が要求されない運動の前後で実行機能の変化を比較した研究では，運動が実行機能に与えるポジティブな効果は協調運動の方で大きかったことが示されている（Budde, Voelcker-Rehage, Pietraßyk-Kendziorra, Ribeiro, & Tidow, 2008）。協調運動と同様に，球技などのゲーム性の高いスポーツ競技は実行機能の要求度が高いと考えられる。これは，運動中に限られた時間の中で戦略的な行動を取り，絶えず変わり続ける状況へ適応することが求められるためである。児童を対象にゲーム性の高い運動の効果を検討した研究の1つに，テニスを題材に，ゲームを中心に行うプログラムと反復的な運動（球出し練習）を中心に行うプログラムを比較したものがある。この研究では，ゲーム中心のプログラムは反復的な運動中心のプログラムと比較

して実行機能を大きく向上させたことが示されている（Ishihara, Sugasawa, Matsuda, & Mizuno, 2017c）。

　以上をまとめると，20〜30分間程度の中強度運動は，児童の実行機能を一時的に向上させると言えるであろう。運動の種類に関して結論づけるのは時期尚早であるが，単に走るだけといった単純な運動よりも実行機能を要する協調運動やゲーム性の高い運動の方が，運動による一過性の効果は大きくなるのかもしれない。これら一過性運動に注目した研究成果により，児童の実行機能の向上という側面から，例えば休み時間に運動を行うことを推奨できるであろう。そして，運動が日常的に繰り返され習慣化すれば，後述する長期的な運動の効果につながるはずである。

（２）長期的な運動の効果

　国内外の研究により，体力・運動能力が高い児童・生徒は，学業成績も高いことが報告されている。例えば，北海道の中学1年生およそ300名を対象にした研究では，文部科学省が行なっている新体力テストの合計得点が高い生徒ほど8教科（国語，社会，数学，理科，英語，技術・家庭，音楽，美術）の評定の合計が高く，その関係は社会経済的要因（両親の学歴と世帯収入）と放課後の学習時間とは独立して認められることが示されている（Ishihara et al., 2017a）。体力が直接的に学業成績に関係しているとは考えにくく，長期的な運動に伴う実行機能の向上が学業成績に影響を与えているのではないかと考えられる。長期的な運動が児童の実行機能に与える効果を検証した研究には，身体活動量および体力・運動能力と実行機能の関係を検討した研究と，実際に運動介入を行って長期的に運動をさせた児童とさせなかった児童の実行機能の変化を比較した研究（ランダム化比較試験）がある。

　児童の身体活動量と実行機能の関係を縦断的研究デザインにより検討した研究では，11歳時点の中強度以上の強度の身体活動（中高強度身体活動）量と実行機能の間に正の関係が認められたこと，11歳時点における中高強度身体活動量が多い者ほど13歳時点の実行機能が優れていたことが示されている（Booth et al., 2013）。体力・運動能力と児童の実行機能の関係を検討した研究では，様々な体力要素が実行機能と関係していることが示されている。例えば，6〜8

歳の児童を対象に有酸素能力（全身持久力，最大酸素摂取量や20mシャトルランなどで評価される）と実行機能の関係を縦断的研究デザインにより検討した研究では，ベースラインの有酸素能力は実行機能と正の関係を持ち，その後3年間の有酸素能力の変化と実行機能の変化の間にも正の関係が認められたことが示されている（Scudder et al., 2016）。有酸素能力以外にも，筋力や新体力テストのような複数の種目から成るテストの合計得点においても同様の関係が報告されている。現時点ではどの体力要素が実行機能ともっとも強く関係しているのかを結論づけることはできないが，児童期に運動習慣を身につけて様々な体力を高めることが実行機能の発達には重要なのかもしれない。

　このように，身体活動量や体力・運動能力と実行機能の関係が明らかにされているものの，これらの研究成果からは因果関係については言及することができない。つまり，長期的な運動による体力の向上が実行機能を改善させるのか，それとも実行機能が高い児童は運動への意欲も高く，実行機能が低い児童よりも身体的に活動的な生活を送ることで体力が高まっているのかは不明である。この因果関係を明らかにするため，運動介入を用いたランダム化比較試験が近年いくつか行われている。例えば，米国イリノイ大学の研究グループが7～9歳の児童およそ200名を対象に行なったランダム化比較試験では，9ヶ月間の放課後運動プログラム（週5日，1回2時間）に参加した児童は，参加しなかった児童と比較して，実行機能が大きく向上したことが示されている（Drollette et al., 2017; Hillman et al., 2014; Kamijo et al., 2011）。これらのランダム化比較試験により，「習慣的な運動→体力の向上→実行機能の改善」という因果関係が支持されている。

　一過性の運動と同様に習慣的な運動においても，運動の種類によって運動が実行機能に与える効果は異なるのだろうか。つまり，協調運動が要求される運動やゲーム性の高い運動は実行機能の改善に効果的なのであろうか。6～12歳の児童を対象にテニスの競技年数，身体活動量，体力と実行機能の関係を包括的に評価した研究では，体力が高い児童は実行機能が高く，さらに体力とは独立して競技年数と実行機能の間に正の関係が認められている（Ishihara, Sugasawa, Matsuda, & Mizuno, 2017b）。この結果は，体力レベルが同等である場合，テニスの競技年数が長い児童ほど実行機能が優れていることを示して

おり，テニスのような実行機能が要求される運動は児童の実行機能の発達促進に効果的であることを示唆している。さらに，10〜12歳の児童を対象に，週2回・6週間の運動介入が実行機能に与える効果を検討したランダム化比較試験では，チームゲームを実施したグループは通常の体育を実施したグループと比較して，実行機能が大きく向上したことが示されている（Schmidt, Jäger, Egger, Roebers, & Conzelmann, 2015）。これらの知見から，実行機能が要求される運動を習慣化することが，児童の実行機能の発達に効果的であると示唆される。

5 本章のまとめ

　我々の生活のあらゆる側面に重要な役割を果たす自己制御能力・実行機能は児童期に大きく発達する。過去10年間にわたる研究によって，習慣的に運動を行って体力を高めることが，児童の実行機能の発達支援に有効であることを示すエビデンスが蓄積されてきている。また，実行機能が要求されるスポーツ競技に習慣的に取り組むことは，実行機能の発達支援に効果的であるのかもしれない。子どものころの運動習慣は，成人してからの運動習慣に深く関わることが知られているため，身体的な健康の保持・増進といった視点からだけではなく，実行機能を鍛えるといった視点からも，子どものころから運動を習慣化することが重要であると言えるであろう。

【文　献】

Best, J. R., Miller, P. H., & Naglieri, J. A. (2011). Relations between executive function and academic achievement from ages 5 to 17 in a large, representative national sample. *Learning and Individual Differences, 21* (4), 327-336.

Booth, J. N., Tomporowski, P. D., Boyle, J. M., Ness, A. R., Joinson, C., Leary, S. D., & Reilly, J. J. (2013). Associations between executive attention and objectively measured physical activity in adolescence: Findings from ALSPAC, a UK cohort. *Mental Health and Physical Activity, 6* (3), 212-219.

Budde, H., Voelcker-Rehage, C., Pietraßyk-Kendziorra, S., Ribeiro, P., & Tidow, G. (2008). Acute coordinative exercise improves attentional performance in adolescents.

Neuroscience Letters, 441 (2), 219-223.
Chang, Y.K., Chu, C.H., Wang, C.C., Wang, Y.C., Song, T.F., Tsai, C.L., & Etnier, J. L. (2015). Dose-response relation between exercise duration and cognition. *Medicine & Science in Sports & Exercise, 47* (1), 159-165.
Chang, Y. K., Labban, J. D., Gapin, J. I., & Etnier, J. L. (2012). The effects of acute exercise on cognitive performance: A meta-analysis. *Brain Research, 1453*, 87-101.
De Luca, C. R., Wood, S. J., Anderson, V., Buchanan, J.A., Proffitt, T. M., Mahony, K., & Pantelis, C. (2003). Normative data from the Cantab. I: Development of executive function over the lifespan. *Journal of Clinical and Experimental Neuropsychology, 25* (2), 242-254.
Diamond, A., & Lee, K. (2011). Interventions shown to aid executive function development in children 4 to 12 years old. *Science, 333* (6045), 959-964.
Drollette, E. S., Pontifex, M. B., Raine, L. B., Scudder, M. R., Moore, R. D., Kao, S.C., ... Hillman, C. H. (2017). Effects of the FITKids physical activity randomized controlled trial on conflict monitoring in youth. *Psychophysiology*. Advance online publication.
Gathercole, S. E., Pickering, S. J., Knight, C., & Stegmann, Z. (2003). Working memory skills and educational attainment: evidence from national curriculum assessments at 7 and 14 years of age. *Applied Cognitive Psychology, 18* (1), 1-16.
Hallal, P. C., Victora, C. G., Azevedo, M. R., & Wells, J. C. K. (2006). Adolescent physical activity and health. *Sports Medicine, 36* (12), 1019-1030.
Hillman, C. H., Pontifex, M. B., Castelli, D. M., Khan, N. A., Raine, L. B., Scudder, M. R., ... Kamijo, K. (2014). Effects of the FITKids randomized controlled trial on executive control and brain function. *Pediatrics, 134* (4), e1063-e1071.
Hooper, C. J., Luciana, M., Conklin, H. M., & Yarger, R. S. (2004). Adolescents' performance on the iowa gambling task: Implications for the development of decision making and ventromedial prefrontal cortex. *Developmental Psychology, 40* (6), 1148-1158.
Huizinga, M., Dolan, C. V., & van der Molen, M. W. (2006). Age-related change in executive function: Developmental trends and a latent variable analysis. *Neuropsychologia, 44* (11), 2017-2036.
Ishihara, T., Morita, N., Nakajima, T., Okita, K., Yamatsu, K., & Sagawa, M. (2017a). Direct and indirect relationships of physical fitness, weight status, and learning duration to academic performance in Japanese schoolchildren. *European Journal of Sport Science*. Advance online publication.
Ishihara, T., Sugasawa, S., Matsuda, Y., & Mizuno, M. (2017b). Relationship between sports experience and executive function in 6-12-year-old children: independence from physical fitness and moderation by gender. *Developmental Science*. Advance online publication.
Ishihara, T., Sugasawa, S., Matsuda, Y., & Mizuno, M. (2017c). The beneficial effects of game-based exercise using age-appropriate tennis lessons on the executive functions of 6- to 12-year-old children. *Neuroscience Letters, 642*, 97-101.

Kamijo, K., Nishihira, Y., Hatta, A., Kaneda, T., Kida, T., Higashiura, T., & Kuroiwa, K. (2004). Changes in arousal level by differential exercise intensity. *Clinical Neurophysiology, 115* (12), 2693-2698.

Kamijo, K., Pontifex, M. B., O'Leary, K. C., Scudder, M. R., Wu, C.T., Castelli, D. M., & Hillman, C. H. (2011). The effects of an afterschool physical activity program on working memory in preadolescent children. *Developmental Science, 14* (5), 1046-1058.

Karbach, J., & Kray, J. (2009). How useful is executive control training？Age differences in near and far transfer of task-switching training. *Developmental Science, 12* (6), 978-990.

Ludyga, S., Gerber, M., Brand, S., Holsboer-Trachsler, E., & Pühse, U. (2016). Acute effects of moderate aerobic exercise on specific aspects of executive function in different age and fitness groups: A meta-analysis. *Psychophysiology, 53* (11), 1611-1626.

Luna, B., Garver, K. E., Urban, T. A., Lazar, N. A., & Sweeney, J. A. (2004). Maturation of cognitive processes from late childhood to adulthood. *Child Development, 75* (5), 1357-1372.

Mikkilä, V., Räsänen, L., Raitakari, O. T., Pietinen, P., & Viikari, J. (2004). Longitudinal changes in diet from childhood into adulthood with respect to risk of cardiovascular diseases: The cardiovascular risk in young finns study. *European Journal of Clinical Nutrition, 58* (7), 1038-1045.

Moffitt, T., Poulton, R., & Caspi, A. (2013). Lifelong impact of early self-control. *American Scientist, 100* (5), 352.

Pontifex, M. B., Saliba, B. J., Raine, L. B., Picchietti, D. L., & Hillman, C. H. (2013). Exercise improves behavioral, neurocognitive, and scholastic performance in children with attention-deficit/hyperactivity disorder. *The Journal of Pediatrics, 162* (3), 543-551.

Riggs, N., Chou, C.-P., Spruijt-Metz, D., & Pentz, M. A. (2010). Executive cognitive function as a correlate and predictor of child food intake and physical activity. *Child Neuropsychology, 16* (3), 279-292.

Schmidt, M., Jäger, K., Egger, F., Roebers, C. M., & Conzelmann, A. (2015). Cognitively engaging chronic physical activity, but not aerobic exercise, affects executive functions in primary school children: A group-randomized controlled trial. *Journal of Sport and Exercise Psychology, 37* (6), 575-591.

Scudder, M. R., Drollette, E. S., Szabo-Reed, A. N., Lambourne, K., Fenton, C. I., Donnelly, J. E., & Hillman, C. H. (2016). Tracking the relationship between children's aerobic fitness and cognitive control. *Health Psychology, 35* (9), 967-978.

Zorza, J. P., Marino, J., & Acosta Mesas, A. (2016). Executive functions as predictors of school performance and social relationships: Primary and secondary school students. *The Spanish Journal of Psychology, 19.*

第Ⅱ部　各時期の自己制御の発達とその支援

第4章 青年期の自己制御の発達と支援

森口佑介

1　はじめに

　本章では，青年期における自己制御の発達とその支援について述べていく。近年，青年期において，自己制御が不思議な発達プロセスを示すことが報告され，注目を集めている。本章では，青年期の特徴について紹介したのちに，青年期の自己制御の発達過程について見ていく。青年期と類似した言葉として思春期という言葉があり，青年期と思春期は異なった意味で使われることもあるが，本書では10代前半から20歳過ぎくらいまでの時期を指して青年期という言葉を使う。

2　青年期とは？

　青年期は，ヒトの発達時期としては，児童期と成人期の間に位置付けられ，身体と脳に大きな変化が起こる。これまで，主に医学的な関心から身体的な変化が取り上げられることが多かったが，この時期には心や脳にも大きな変化が訪れる。
　青年期は，児童期や成人期と比べても，酒やタバコ，ドラッグ接種のような危険な行動を好むようになる。小学校時代までは大人しい子どもが，中学校に入った途端，急に荒れ始めるという例を見聞きすることもあるだろう。だが，青年期はネガティブなものではなく，ヒトが発達するうえで極めて重要な時期である。心理学では，青年期は自立の時期だと位置づけられる。175の国や地域において青年期が存在するか，また，青年期が存在するとしたら，人間の成長や発達の中でどのような意義があるのかについて検討した研究によると，ほ

とんどの国や地域において，青年期が他の時期と独立して存在することが報告されている（Schlegel, 1995）。また，青年期の意義については国や地域によって多少のばらつきがあるものの，最も多く報告されるのが「自立」であることも示されている。一人の大人として，所属する社会を支えるために，青年期は重要な役割を担うということである。自立のありようは，わが国でも見られるような，親からの自立というものから，社会的に弱い立場にある子どもや高齢者のケアなど，国や地域で異なるようだが，青年期の重要な意義が自立という点では共通している。

3　青年期における脳の構造的変化

　次に，青年期における脳の構造的変化を見ていこう。青年期の前の時期である児童期は，比較的安定した時期として知られている。一方，青年期に起こる変化は，極めて急激なものである。この変化は，アンドロゲンやエストロゲンのような性ホルモンの濃度変化による。脳の視床下部から脳下垂体に指令が出て，性ホルモンが分泌される。分泌された性ホルモンは，体の様々な部位に送られるが，脳の大脳辺縁系と呼ばれる，感情にかかわる脳領域に作用することが知られている。男女共通で変化がみられる部位と，性差が見られる部位があるが，本章でも最も重要なのが，男女共通でみられる報酬処理にかかわる脳領域である。報酬系回路といわれるこの神経回路は，脳の深部にある腹側被蓋野から，腹側線条体を経て，眼窩前頭皮質や前頭前野などの領域に至るまで領域を含む。

　特に，青年期において著しい変化がみられるのが，腹側線条体である。第二次性徴の進行度合いを調べるための，タナー段階という指標がある。これは，男性であれば陰毛や陰茎の発達具合，女性であれば乳房の発達具合によって5つの段階に分けられる。近年の研究によると，タナー段階が進行すればするほど，報酬系の一部である腹側線条体などの領域が大きな発達変化を遂げることが示されている（Goddings et al., 2014）。後で詳しく見ていくように，青年期には報酬に対する感受性が極めて強くなり，このことが様々な自己制御の難しさを生みだす。

また，発達に性差がみられる領域もある。男性ホルモンは，恐怖感情の中枢である扁桃体に多く作用する。青年期には扁桃体が特に男性において著しく発達することや，第二次性徴の進行が早い男子は（つまり，性成熟が進んでいる男子は），扁桃体の容量が大きいことが示されている。一方，女性ホルモンは記憶の中枢である海馬などの領域に作用する。研究によって多少結果にばらつきはあるが，青年期には女性において海馬が著しく変化することが示されている。
　脳構造は青年期にこのような変化する。それでは，脳機能はどのような変化を示すだろうか。まず，青年期において制御が難しい睡眠について見ていき，そのあとに青年期の2種類の自己制御について紹介する。

4　睡眠の制御

　中学生や高校生の頃を思い返してほしい。もしくは，中学生や高校生の子どもをお持ちの方は，お子さんの様子を見てほしい。朝，起きるのが苦手ではないだろうか。筆者自身，振り返ってみると，小学生の間は，朝起きるのが苦痛なことなど全くなかった。朝授業が始まる前に，友達とドッジボールをするのが楽しみで，朝はすぐに布団から起き出し，朝食を食べ，誰よりも早くグラウンドをとるために小学校にいったものである。一方，中学生や高校生だった兄たちは，朝布団から出ることができず，母親と口論をしており，なぜ兄たちは朝起きることができないのかと不思議に思っていた。ところが，自分が中学生になってみると，朝起きるのが苦痛で仕方がなかった。別に学校が嫌いというわけではなく，登校してみれば楽しかったのだが，朝起きるのは本当に苦痛であった。
　実際に中学生や高校生は寝不足であることが統計でも示されている。ベネッセ教育総合研究所の調査によると，小学校の高学年では8割近くの子どもが8時間以上睡眠をとっているのに対して，中学生では3割，高校生では5%の子どもしか8時間以上の睡眠をとっていない。高校生の半数が6時間以下の睡眠しかとっていないのである。なぜ睡眠不足になるのかといえば，当然のことながら就寝時間が遅いためである。小学生の高学年では半数が10時頃には就寝するのに対して，高校生では半数程度が0時半より遅くに眠りにつくようである。

筆者が中学生の頃には，小学校に比べて，中学校に入ると勉強や部活で物理的に忙しくなったため，なかなか眠りにつくことができず，朝起きるのが大変になったのだろうと思っていた。このこと自体は間違っていないが，近年の研究は生物学的な要因も重要な役割を果たしていることを示している。どうやら，青年期に入ると，私たちの睡眠リズムそのものが，早寝早起きというリズムから，遅寝遅起きになるようにずれてしまうらしいのである。

　睡眠は，我々の脳にとって極めて重要である。睡眠中には我々の脳では，起きている間に損傷があった箇所などを修復したり，起きている間に覚えたことを記憶に定着させたりすることが報告されている。また，眠る前に難しい問題に取り組むと，起きた後にその問題に対する解決策が思いつくなど記憶や学習に非常に重要であることも示されている。睡眠不足は，学業不振につながるし，それ以外にも精神疾患，情緒不安定，肥満などにも結びつく可能性がある。このことは特に子どもにおいて顕著である。

　このように，夜更かしは子どもの発達にあまりよい影響はないのだが，生物学的なメカニズムを知ってみるとある意味において，青年期において夜遅くまで眠れないのは仕方がないことのようにも思えてくる。我々の脳の中には，一日のリズム（概日リズム）を刻むいわゆる体内時計がある。この中枢が脳の視床下部にある視交叉上核という領域である。我々の体内時計と，実際の昼夜には少しずれがあるが，太陽などの光情報が目から視交叉上核に届くことによって，そのずれを解消している。暗くなると，視交叉上核に光が届かなくなるが，そうなると，今度は光が届かなくなったという情報が松果体に届けられる。この松果体ではメラトニンが放出される。このメラトニンが放出されると，眠気が誘発されるのである。

　昼の間は，光が視交叉上核に届くので，その間はメラトニンが放出されにくい。そのため私たちは眠くなりにくいのである。一方，夜の間にはメラトニンが放出されるため，眠気が持続する。それが，朝太陽の光などを浴びることによって，メラトニンの放出が止まり，眠気がなくなるのである。ところが，面白いことに，青年期においては，朝になってもメラトニンの放出が止まりにくくなることが示されている。特に，第二次性徴の進行の目安であるタナー段階が進行すればするほど，青年期が進めば進むほど，メラトニンの放出が止まり

にくくなるのである（Carskadon, Acebo, Richardson, Tate, & Seifer, 1997）。

　これはつまり，青年期が進めば進むほど，私たちは朝の眠気が吹っ飛びにくくなるのである。青年期には，朝起きにくいだけの理由があるのである。青年期は，夜活動するように睡眠リズムができているのかもしれない。そして，その夜の時間は，友達と遊んだり，魅力的な異性を見つけたりすることに費やすように私たちの脳は設計されている可能性があるのである。

　大人になると，このような傾向はなくなってしまう。学校制度を設計する大人は，朝早く起きることに問題がないのである。そのため，朝8時半から授業をすることは，大人の睡眠サイクルにとっては都合がいいかもしれないが，授業を受ける側の中学生や高校生にとっては，都合が悪いといえる。大人からすると，中学生や高校生が眠いのは，怠惰であるように見えるのかもしれないが，実際には，中学生や高校生が眠いのは，生物学的にどうしようもない面があるのでる。米国では始業時間を30分ずらすと，生徒たちの学習意欲や学業成績がよくなることが繰り返し報告されている。青年期に眠りを制御するのは難しそうである。

5　青年期の認知的自己制御

　少し話がそれてしまったが，青年期の脳が急速に変化することが理解いただけたのではないかと思う。これ以降では，2種類の自己制御について見ていこう。その2種類とは，認知的自己制御と衝動的自己制御である。

　まず，認知的自己制御である。これは，心理学の言葉では，実行機能と呼ばれることが多い（第1章参照）。この概念は，高次の認知的制御および行動制御に必要とされる能力であり，目標志向的行動や注意制御，行動の組織化などに関わる多次元的な概念であるとされる。近年は，抑制機能，シフティング，ワーキングメモリなどの下位要素を含む目標志向的な行動制御の能力を指すことが多い（Miyake et al., 2000）。ここでは，抑制機能とシフティングの発達について紹介しよう。

　抑制機能とは，当該の状況において優位な行動を抑止する能力のことを指す。フランカー課題などを用いて検討される。フランカー課題では，画面上に5匹

の魚や矢印が横並びに提示され，真ん中にある魚や矢印が右と左のどちらの方向を向いているかを判断させる（Zelazo et al., 2013）。真ん中の魚や矢印が向く方向と，その他の4匹の魚や4つの矢印が向く方向が同じ場合，この課題はそれほど困難ではない（例えば，矢印の場合，→→→→）。一方，真ん中の魚や矢印が向く方向と，その他の4匹の魚や4つの矢印が向く方向が異なる場合，周囲の魚や矢印の影響を抑制し，正しく反応しなければならない（例えば，矢印の場合，→→←→→）。この2つの条件の反応時間や正答率の違いが調べられる。

　この課題を3歳から15歳の子どもに与えた研究では，幼児期に著しい発達的変化がみられること，8歳から13歳までは発達的変化は極めて緩やかであること，8歳から13歳までの年齢群と，14〜15歳の間に統計的な差がみられることが報告されている。同様の傾向は，シフティング能力にも見られる。

　抑制機能もシフティングも，幼児期に発達すること，児童期と青年期では発達パターンがやや異なるが，概ね緩やかな変化がみられることが示唆される。これらの能力は，前頭前野を中心とした中央実行系回路が担っている（第1章も参照）。前頭前野の構造がいかに発達するかを調べた研究によると，前頭前野の構造は，青年期においてもまだ発達が終わらず，成人期まで発達が続いていくことが知られている（Gogtay et al., 2004）。前頭前野の機能については，筆者らが幼児期に著しく発達することを報告しているが，この時期には前頭前野と頭頂葉を含めた中央実行系回路はまだ十分に機能していない。中央実行系回路は，児童期ぐらいから機能しており，その発達は青年期から成人期まで続いているようである。

　そして，重要なこととして，フランカー課題やルール切り替え課題における青年期の発達がゆっくりであることと一致して，この中央実行系回路の発達は，非常にゆっくりであることが示されている。年齢とともに，右肩上がりで発達していくのは確かなのだが，その発達は非常に遅いのである。ゆっくり時間をかけて，青年期から成人期までかけて，発達がなされるようである。

6　青年期の衝動的自己制御

　自己制御のもう一つの側面である衝動的自己制御は，青年期において非常に

青年期の自己制御の発達と支援　第4章

奇妙な発達プロセスを示す。衝動的自己制御とは，衝動的な欲求を制御する能力である。喉が渇いたときの水やお腹が空いたときの食事など，今その瞬間に直ちに手に入れたい衝動性を抑止するときに必要になる。最も有名な課題はマシュマロ・テストである。このテストでは，子どもはマシュマロ1つを今すぐもらうか，マシュマロ2つを後でもらうかを選択しなければならない。このテストで必要とされる衝動的な自己制御能力は，認知的な自己制御と同様に，幼児期から児童期にかけて発達することが示されている（第1章も参照）。

　衝動的な自己制御には，アクセルとしての役割と，ブレーキとしての役割がある。マシュマロ・テストのような状況で報酬を得ようとするのがアクセルで，その傾向を止めようとするのがブレーキである。アクセルはほぼ生まれつき持っているのに対して，ブレーキは長い期間をかけて発達していく。成人を対象にした研究から，両者に対応した脳内機構が存在することも示されている。具体的には，アクセルに対応するのが先述した報酬系回路であり，ブレーキに対応するのが外側前頭前野などの領域である。この話に基づくと，例えばお金が関わるような犯罪行為をしてしまう場合，お金に対するアクセルが強い，つまり，報酬系回路の反応が強いため，ブレーキである前頭前野がその傾向を抑えきれずに目の前のお金を盗んでしまうということになる。

　青年期において報酬系回路の活動が強いことを示した研究として，ギャンブル課題がある（Bechara, Damasio, Tranel, & Damasio, 2005）。この課題では，実験参加者は，4つのデッキが与えられ，そのうちいずれかのデッキからカードを選ぶように教示される。カードを引くと，あたりとはずれがあり，あたりの場合は一定金額のお金を得ることができ，はずれの場合は一定金額のお金を失うことになる。最も基本的なタイプでは，4つのうち2つがローリスクローリターンのデッキ，残りの2つがハイリスクハイリターンのデッキである。たとえば，ハイリスクハイリターンのデッキを選ぶと，あたりの場合25円獲得，はずれの場合は損失が大きく，100円失うということもある。一方，ローリスクローリターンのデッキは，あたりの場合は10円しか獲得できないが，損失の額も8円だとしよう。つまり，1回で得られる金額自体はハイリスクハイリターンのデッキの方が大きいが，トータルで考えると，ローリスクローリターンのデッキを選んだ方が得というテストである。目先の利益にとらわれるか，

47

長期的な利益を見据えるかの選択となる。

　この課題でも，マシュマロ・テストと同様に，目先の報酬に対するアクセルと，その傾向を抑止して，ローリスクローリターンのデッキを選ぶためのブレーキが必要である。この課題と同じ構造を持つ課題を，9〜11歳の子ども，12〜15歳の中学生，15〜18歳の高校生，25歳以上の成人に与えたところ，子どもよりも成人よりも，中学生や高校生の方が，ハイリスクハイリターン選択肢を選びやすいことが示された（Burnett, Bault, Coricelli, & Blakemore, 2010）。子どもよりも中学生や高校生の方が自己制御能力は強そうだが，特に中学生は最もハイリスクハイリターンの選択をしがちだったのである。どうやら，青年は，目の前に報酬があると，報酬に対する欲求を止めることができず，ハイリスクハイリターンの選択をしてしまうのである。

　ギャンブル課題で典型的にみられるように，青年期では，目の前に報酬があるとがまんできずに報酬を得ようとしてしまう。アクセルとブレーキの関係で考えてみよう。まず，児童と青年を比較してみると，少なくともギャンブル課題においては，青年の方が衝動的である。言うなれば，青年期においては，ブレーキがアクセルをうまく制御できていないことになる。逆に，児童においては，ブレーキとアクセルのバランスが良いようである。ここが不思議な点である。というのも，ブレーキの性能でいえば，間違いなく青年の方がよいからである。ブレーキの脳内基盤である前頭前野は，ゆっくり時間をかけて青年期から成人期まで発達する。児童と青年を比べると青年の方が，青年と成人を比べると成人の方が，ブレーキの性能はいいのである。

　そうなると，青年の方が，衝動的である理由は，アクセルの方にありそうである。事実，最近の研究で，児童よりも，成人よりも，青年において，アクセルが強くなりすぎることが示されている（Van Leijenhorst et al., 2010）。ギャンブル課題において，10歳から25歳の参加者を対象に，fMRIを用いて脳活動を調べた。先に紹介した課題と同様にハイリスクハイリターンの選択肢とローリスクローリターンの選択肢がある。ハイリスクハイリターンの選択肢を選び，お金を得られた場合とお金が得られなかった場合の脳活動を比較した。その結果，アクセルと関わる報酬系の一部領域の活動が，非常に興味深い発達的変化を示した。まず，10歳くらいの児童と比べて，13〜15歳程度の青年の方が，報

酬に対する腹側線条体の活動が強いことが示された。さらに，13〜15歳の青年と成人を比べた場合にも，青年の方が腹側線条体の活動が強かったのである。つまり，腹側線条体の活動は，青年期において最も強いことが明らかになった。報酬を得ようとするアクセルは，青年期において最も強いのである。

つまり，児童期においてはアクセルとブレーキのバランスがとれているのだが，青年期に入るとアクセルが急激に発達し，その発達にブレーキの発達が追い付かず，時に青年は暴走してしまうようだ。

7 青年期の自己制御の支援に向けて

ここまで，青年期における自己制御の発達とその脳内機構を概観してきた。自己制御の発達支援は，他の章でも紹介されているように，コンピュータプログラムを用いた訓練などの有効性が示されている。ここでは，青年期において特に重要になってくる点について触れたいと思う。

それは，青年期における仲間の影響である。青年期におきる重要な変化の一つに，人間関係の変化がある。児童期までは，最も重要な人間関係は家族であることが多いのだが，青年期には友人関係が最も重要になってくる。親に認められるよりも，仲間内でどれだけ認められるか，面白い奴だと思われるか，空気を読めるか，が重要な関心事になるのである。自己制御についても，仲間による影響が報告されている。男性でも女性でもそうだが，仲間はいい方向にも悪い方向にも作用する。特に，悪い方向での影響は甚大である。たとえば，アルコールの一気飲みなどは，間違いなく一人ではやらないが，仲間の前では，意地をはるためか，一気飲みをしてしまう。その結果として不幸な事故が起こるのはご存知の通りである。

研究でも，仲間の前では，若者は自己制御が難しくなることが示されている。この研究では，青年や成人を対象にドライビングゲーム中にどれだけ危険な行為をするかを調べ，危険な行為をしている際の脳活動をfMRIで比較した (Chein, Albert, O'Brien, Uckert, & Steinberg, 2011)。この研究の特徴として，一人でゲームをやるときと，友達の前でゲームをやるときとを比較した点がある。その結果，大人は一人でも友達の前でも危険な行為をやる数は変わらな

49

かったが，若者は友達の前でより危険な行為をする傾向になった。脳活動を見ても，若者においてのみ，友達の前ではブレーキである外側前頭前野の活動が弱まり，アクセルである報酬系回路の活動が強まったのである。

　青年期において仲間関係が重要だということは，仲間外れにも敏感になっているということである。以前より，青年期においては，成人期などと比べても，仲間外れに対して敏感であることが示されている。特に，この時期では，無視や仲間外れを含めた関係性攻撃が盛んな時期で，この攻撃対象になった生徒は，自尊感情や所属意識が低下し，抑うつなどの精神的な問題を抱えることにもなってしまう。こういった問題は，心理学や神経科学の領域では，サイバーボールという実験で検討されている。この実験では，コンピュータ画面上で，実験参加者が，他の2人の参加者（ここでは参加者A，Bとする）とボール投げゲームをする。ただ，実験参加者自身は，参加者A，Bと本当にボール投げをしていると思いこんでいるが，実は，参加者A，Bはコンピュータのプログラムが自動的に動かしている。そのため，このゲームに参加している人間は，実験参加者だけなのである。

　この研究では，ゲームの前にまず実験参加者の気分を測定する。これを基本として，実験の中で気分がどのように変動するかを調べる。実験参加者が，他の参加者と一緒にボール投げに加わっている場合と，実験参加者が仲間外れにされた場合の気分の変化を検討した。この実験には，中学1年生の女子，中学3年生の女子，そして大人の女性が参加した。女性の方が特に関係性攻撃に対して敏感なので，女性を対象にしている。その結果，大人の女性では，幾分気分に変化があったものの，3つの時点で気分に大きな変化がなかった。一方，中学1年生と3年生では，ゲーム前と第一ゲーム後には変化がなかったが，仲間外れにされた第二ゲーム後には気分が大きく落ち込んでいた。仲間外れにされたことによって，ひどく傷ついたのであろう。

　さらに，別の研究では，同じサイバーボールで仲間外れにされた時の大人と青年期の若者の脳活動を調べている（Masten et al., 2009）。実験の結果，大人とも青年期の若者も，島皮質という脳領域を強く活動させていた。この領域は，不快感情や痛みを感じたときに活動する領域である。さらに，大人では活動が見られず，青年期の若者にのみ活動が見られる領域も見つかった。それが，帯

状回膝下野という領域である。この領域の詳細な役割についてはよくわかっていないが，この領域の活動が後の抑うつ傾向と関わることが示されており，仲間外れにされることは，こういう領域の脳活動を通して，精神的な問題につながる可能性があるのだろう。

このようなことから，親子関係や教師との関係も重要だが，青年期の自己制御の支援を考えるためには仲間関係を考慮することが重要になってくると考えられる。英国の研究では，クラスの中でも他の子どもに影響力があるとされる生徒を訓練し，他の生徒に対して喫煙等のリスクのある行動をやめるように促したところ，他の生徒のリスクのある行動が減少したという報告がある（Campbell et al., 2008）。若者の自己制御を支援するには，仲間からの支援が有効なのである。

8　本章のまとめ

本章では，青年期の自己制御能力の発達について紹介した。全般的に，青年期の脳には大きな変化があり，青年期特有の危険な行動につながっているようである。自己制御能力については，認知的な側面は徐々に発達するのに対して，衝動的な側面は，青年期には一時低下することも示されている。これは主に，脳内の報酬系回路の活動が強くなりすぎて，前頭前野がその活動を調整できないことに起因するようである。発達支援については，このような青年期の特徴や仲間関係の重要性などを考慮する必要があると考えられる。

【文　献】

Bechara, A., Damasio, H., Tranel, D., & Damasio, A. R. (2005). The Iowa Gambling Task and the somatic marker hypothesis: some questions and answers. *Trends in Cognitive Sciences*, 9 (4), 159-162.

Burnett, S., Bault, N., Coricelli, G., & Blakemore, S.-J. (2010). Adolescents' heightened risk-seeking in a probabilistic gambling task. *Cognitive Development*, 25 (2), 183-196.

Campbell, R., Starkey, F., Holliday, J., Audrey, S., Bloor, M., Parry-Langdon, N., . . . Moore, L. (2008). An informal school-based peer-led intervention for smoking prevention in adolescence (ASSIST): a cluster randomised trial. *The Lancet*, 371 (9624), 1595-1602.

Carskadon, M. A., Acebo, C., Richardson, G. S., Tate, B. A., & Seifer, R. (1997). An approach to studying circadian rhythms of adolescent humans. *Journal of biological rhythms, 12* (3), 278-289.

Chein, J., Albert, D., O'Brien, L., Uckert, K., & Steinberg, L. (2011). Peers increase adolescent risk taking by enhancing activity in the brain's reward circuitry. *Developmental Science, 14* (2).

Goddings, A.-L., Mills, K. L., Clasen, L. S., Giedd, J. N., Viner, R. M., & Blakemore, S.-J. (2014). The influence of puberty on subcortical brain development. *NeuroImage, 88*, 242-251.

Gogtay, N., Giedd, J. N., Lusk, L., Hayashi, K. M., Greenstein, D., Vaituzis, A. C., ... Toga, A. W. (2004). Dynamic mapping of human cortical development during childhood through early adulthood. *Proceedings of the National Academy of Sciences of the United States of America, 101* (21), 8174-8179. doi: 10.1073/pnas.0402680101

Masten, C. L., Eisenberger, N. I., Borofsky, L. A., Pfeifer, J. H., McNealy, K., Mazziotta, J. C., & Dapretto, M. (2009). Neural correlates of social exclusion during adolescence: understanding the distress of peer rejection. *Social Cognitive and Affective Neuroscience, 4* (2), 143-157.

Schlegel, A. (1995). A Cross-Cultural Approach to Adolescence. *Ethos, 23* (1), 15-32.

Van Leijenhorst, L., Moor, B. G., de Macks, Z. A. O., Rombouts, S. A., Westenberg, P. M., & Crone, E. A. (2010). Adolescent risky decision-making: neurocognitive development of reward and control regions. *NeuroImage, 51* (1), 345-355.

Zelazo, P. D., Anderson, J. E., Richler, J., Wallner-Allen, K., Beaumont, J. L., & Weintraub, S. (2013). NIH Toolbox Cognition Battery (NIHTB-CB): Measuring executive function and attention. *Monographs of the Society for Research in Child Development, 78* (4), 16-33. doi: 10.1111/mono.12032

第5章 壮年期以降の自己制御の発達と支援

土田宣明

1 はじめに

　本章では，壮年期以降の自己制御の発達と支援について述べる。壮年期以降とは，壮年期（20歳代後半）から高齢期（60歳代後半～80歳代頃）に至るまでの比較的長い期間での発達的変化を想定している。

　まず壮年期以降の特徴と考えられるのは，衝動的自己制御の変化である。青年期の章の説明にもあったように，衝動的自己制御とは，衝動的な欲求を制御する能力である。ギャンブル場面で考えると，壮年期では青年期と比べて，ハイリスク・ハイリターンの選択肢を選ぶ率が低下する。また，高齢期になると損と得の両面を考えた方略をとれるようになり（Wood, Busemeyer, Koling, Cox, & Davis, 2005），目先の報酬だけに惑わされにくくなる。壮年期以降では，青年期と比較して，情緒がより複雑になるとともに，情緒面での自己制御がより熟達すると考えられる（Carstensen, 1992; Labouvie-Vief, 1999）。

　一方で，壮年期以降では，長い時間をかけて形成された自己制御の機能，特に認知面に「陰り」がみられる。前頭葉がその働きが担っているが，この部位が老化の影響を受けやすいためである。前頭葉（特に前頭前野）は成熟に時間のかかることが知られており，壮年期までには形成されるものと考えられている（Giedd, 2004）。しかし，壮年期以降は，長い時間をかけて形成された部位がいち早く加齢の影響を受ける。要するに，幼児期から青年期にかけて，徐々に形成されてきた自己制御の機能は，壮年期以降，機能が低下する面を検討しなければならなくなる。

2 機能の低下

（1）抑制機能とは

　壮年期以降の自己制御，特に認知的自己制御の問題の中で，最も注目されるものは，抑制機能である。ヒトの発達過程における抑制機能の重要性に最初に注目したのはルリヤ（Luria, A. R.）であろう。ルリヤが明らかにした点は，次の3点である（Luria, 1961; 1973）。①発達的にみると，行動を開始することより行動を抑えることの方が難しいこと。②一旦開始された行動を抑えることは，単に行動を開始しないこととは別の心理学的意味をもつこと。③行動を抑えることにとって，前頭葉が重要な役割を果たしていること。以上の3点はいずれも壮年期以降の抑制機能の問題を考える上でも重要であり，示唆に富む指摘であろう。

（2）抑制機能低下説

　認知的加齢モデルの一つとして，抑制機能低下説がある（Hasher & Zacks, 1988）。この仮説では，高齢者になると抑制機能が衰退し，指示された課題とは無関連な刺激に注意を向けてしまい，結果的に指示された課題に対する処理能力が落ちるという考えである。この仮説は，もともと作業記憶を念頭において，提起されたものであった。抑制機能が衰退することにより，目的とは無関連な情報が作業記憶の中に入り込み，その情報を排除することができず，作業記憶の効率が落ちるというものである。

　作業記憶に入り込みやすくなる，目的から外れる情報として，次の3つのものが挙げられている。①課題とは直接関係しない文脈や周りからの些細な情報，たとえば話の内容よりも，話し手から受ける印象に気を取られるようなこと。②個人的な記憶や出来事に関する情報。③目的から外れた解釈，たとえば，文脈とは外れたかたちで，同音異義語を間違って解釈してしまうことである。さらに，抑制機能が衰退することにより，一つのターゲットから別のターゲットへの注意の転換が難しくなると考えられている。

(3) 抑制機能の位置づけ

抑制機能低下説はもともと作業記憶での問題を想定したものであるが，抑制機能の問題は，様々な側面に影響している（図5-1）。人間の心理プロセスを大きく3つに分けると，そのいずれにも抑制の問題が関わっていることが推察できる（Friedman & Miyake, 2004）。たとえば，情報の入力の段階では，意図や目的に合わない刺激へ注意が向いてしまうことを抑えるような抑制機能が想定できよう。判断の段階では，不要なことを考えないようにするような思考抑制の問題，また不要な情報が「心の作業場」に入り込まないようにする作業記憶の問題などが想定できる。そして，反応の段階においても，抑制の問題が想定できる。

近年の研究から，反応段階での運動抑制が特に加齢の影響を受けやすいのではないかと考えられている。次のような実験結果がその根拠である。高齢者と若年者を対象として，フランカー課題とサイモン課題を実施してその結果を比較した（Kawai, Kubo-kawai, Kubo, Terazawa, & Masataka, 2012）。どちらも抑制機能を検討する課題である。フランカー課題とは，実験参加者に文字列を呈示し，その中央に呈示される文字（ターゲット）に対して選択反応をさせ

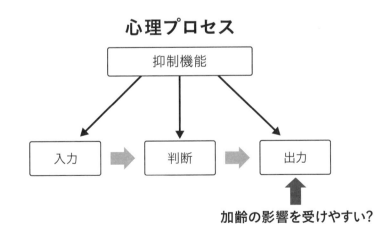

図5-1　抑制機能の位置づけ

る課題である（Eriksen & Eriksen, 1974）。たとえば，アルファベットのHかKが呈示されたときには一方のキーを，SかCが呈示されたときにはもう一方のキーを押すよう求めたとする。このときの反応時間は，ターゲットの左右に同じ反応を指示した文字が呈示されたとき（たとえば，KKKHKKK：反応一致条件）に比べて，異なる反応を指示した文字が呈示されたとき（たとえば，SSSHSSS：反応不一致条件）に長くなった。また，後者の場合，誤反応率も増加した。この効果はフランカー効果と呼ばれる。もし中央の文字だけに焦点的に注意を向けることができれば，周辺にどのような文字が呈示されても反応時間や誤反応率に変化はないはずである。図5-1でいうならば，情報入力段階での抑制機能をみる課題といえよう。

　一方，サイモン課題では，刺激が提示される位置と反応スイッチの位置関係が重要になる（Simon, 1969）。たとえば，赤色の刺激が出たら右のスイッチを，緑色の刺激が出したら左のスイッチを押すように指示されたとする。このとき，赤色の刺激が注視点をはさんで左側に出た場合（指示された側とは逆），右側に出た場合（指示された側）と比べ，誤ってスイッチを押す率が増え，指示通りに押せたとしても反応時間が遅くなる。この効果はサイモン効果と呼ばれる。図5-1でいうならば，反応段階での抑制機能をみる課題といえよう。

　実験の結果，フランカー効果に関して若年者と高齢者に差がみられなかったが，サイモン効果での差が顕著になった（同様の実験結果が，加藤・中村・倉坪・伊藤（2012）においても確認されている）。反応レベルでの抑制が必要となるサイモン課題での抑制が高齢者群でより困難になったことを意味している。反応段階での抑制をみた課題（運動抑制）での加齢効果が顕著にみられたことになる。

（4）高齢者における運動抑制の特徴

　それでは，壮年期以降，特に加齢の問題が顕著になる高齢者の運動抑制には何か特徴があるのであろうか。結論からいうと，「騒がしい」状況や，運動性の神経興奮を増長するような状況で，抑制の失敗がより顕著になるようである（Tsuchida, Morikawa, Yoshida & Okawa, 2013）。実験的にみると，「騒がしい」状況とは，実験と無関連のビープ音を提示することを，神経興奮を増長す

るような運動とは，指先だけのスイッチ押しに代えて，手のひら全体を使ってスイッチを握って反応しなければならない状況を指している。高齢者では，次々に視覚的に提示される刺激と同時に，音が提示される条件や，手のひら全体を使ってスイッチを握る条件（大脳皮質の活動部位が大きい）で，指示とは異なる反応をしてしまう率が増加した。一方，若年者で同様の実験を実施とすると，これらの条件では，大きな影響は確認できなかった。

　逆に，特定の環境で実験を実施すると，若年成人と比較して，誤った反応（抑制の失敗）に差がみられないか，あるいは返って抑制の失敗が少なくなるような実験結果が確認されている（Duque, Petitjean, & Swinnen, 2016）。たとえば，単純なGo／No-Go課題を，比較的ゆっくりとしたペースで実施したときには，高齢者でも運動抑制の失敗は少ないという実験結果がみられる（土田，1997）。Go／No-Go課題とは，画面上に連続して刺激が提示される課題で，特定の刺激（たとえば赤色の刺激）が提示されたときにはボタンを押し，別の刺激（緑色の刺激）が提示されたときには，ボタンを押してはならない（反応を抑制する）課題である。このような課題を妨害要因の少ない環境で実施すると，高齢者では，若年者と比較して，反応が遅くなるものの，反応抑制の失敗は比較的少ないようである。

　それではなぜ，「騒がしい」状況や運動性の神経興奮を増長させられるような状況で，抑制の失敗が引き起こされやすくなるのであろうか。近年の神経科学モデルでは，高齢者では，大脳の「デフォルトネットワーク」（default network）からの切り替えの弱さを指摘する仮説がある（Grady, 2012）。デフォルトネットワークとは，安静時にも活動している大脳部位であり，認知課題が始まるとその活動は弱まり，特定の課題に特化した部位の活動が高まると考えられている。ところが近年のニューロイメージング研究から，高齢者ではこのデフォルトネットワークが弱まりにくく，このことが反応抑制の失敗に結びついているのではないかと考えられている。この仮説に従うならば，「騒がしい」状況や運動性の神経興奮が増長しやすい状況では，大脳の活動部位を広範囲に刺激してしまい，デフォルトネットワークから特定課題に対応した神経活動への切り替えを妨害している可能性がある。

　さらに高齢者の運動抑制の失敗には，日常生活のリズム（サーカディアンリ

ズズム)が強く影響することもわかっている。ストップシグナル課題という運動抑制をみる課題への,実験実施時間帯の影響をみた研究がある(Yoon, May, & Hasher, 2000)。この研究では実験を午前と午後に分けて実施した。その結果,午前と午後の実験結果を比較すると,午前では若年者と高齢者間に有意な差がみられなかった。しかし午後になると,高齢者でのみ成績が急落していた(反応を抑制しにくくなっていた)。

このような生活リズムの問題は,日常生活の中での事故の起こりやすさとの関わりでも注意する必要がある。実際に起きてしまった事故例や,ヒヤリハット事例(あわや事故になりかねない事故寸前の危険な事例)を集めていくと,生活のリズムとの関連がみえてくる可能性がある。介護施設での転倒発生件数を調査した研究(長谷川・藤田・坂本・巻・岩山・稲田・奥野・柳,2016)では,様々な要因が複合的に入っているであろうが,午後2時から午後4時の転倒発生件数が最も多かった。

以上のように,高齢者における抑制失敗の要因をみてくると,発達支援に関わるものは,抑制機能に影響する環境要因を認識しておく必要があろう。加齢に伴い,全体的な抑制機能の低下は想定されるものの,条件によっては反応抑制の失敗を回避できる環境設定の可能性が示唆される。この点については,続く節で詳しく検討してみたい。

3 機能の低下を補う

抑制機能の低下を補う側面には2つある。一つは神経科学的な意味での補償であり,もう一つは行動科学的な意味での補償である。この節では2つ側面からみた補償について検討していきたい。

神経科学的な補償は,大脳の付加的な活性化が作用しているものと考えられている。図5-2は,自己制御とも密接に関わる作業記憶遂行時の,大脳の活性化領域を示したものである。高齢者では,このような前頭葉の両側に渡る活性化が機能を補強していると考えられている。その代表的なモデルにHAROLD (Hemispheric Asymmetry Reduction in OLDer adults)(Cabeza, 2002)がある。直訳すると「高齢者における大脳半球(機能)非対称性の減少」という

ものである。本来ならば，左右の脳のどちらかに側性化する機能が，加齢に伴い，その特性（側性化）がみられなくなる。側性化の低下は付加的な神経ユニットを形成して，機能の低下を補っていると考えられている。

行動科学的な補償に関しては，まだ推測の域を出ない。しかし，前述したような抑制機能が機能しにくいのはどのような状況かが分かってくると，それを避けるような工夫が補償作用となろう。たとえば，高齢者において，運動抑制が失敗しやすい条件として，「騒がしい」状況や，運動性の神経興奮が増長する状況を挙げたが，このような状況を避けることが補償的な作用といえる。静かな環境で，運動性の神経興奮をできるだけ鎮めることが，抑制機能の低下の顕在化を防ぐものと思われる。

ただ，このような機能の低下の補償を，支援する側が設定するのか，それとも高齢者本人が意図的に実施するのかという，2つの「補償」がある。支援する側が実施する場合は，高齢者の抑制機能の特性を十分理解した上で，抑制機能の低下が顕在化しないような環境を設定することとなる。

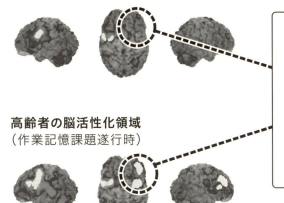

図5-2 補償的な加齢変化と考えられるもの
(Park & Reuter-Lorenz (2008)を一部改変して引用)

一方で，高齢者本人が機能を補償することもある。ただし，補償のためには「メタ認知機能」と「知恵」が必要となろう。「メタ認知機能」とは自己の置かれた状況を観察した上で，何が必要かを考え，遂行するプロセスである。たとえば，ある高齢者が外出時に最寄りの駅の券売機で，特定の切符を購入しなければならないことを予想したとしよう。自分はこのような場面で気が焦ると，誤った操作をすることがあると認識できるのが「メタ認知」である。
　さらに，ある種の「知恵」も必要となる。たとえば，券売機の前で「まごつかない」ように，予め購入する切符の金額を調べておき，その代金を子袋に分けておいて，すぐに取り出せるようにしておくような工夫である。このような補償的な行為の背景にあるのが「知恵」である。この点については続く節でもさらに検討してみたい。

4　新たな「足場づくり」に向けて

　この節では改めて，神経科学的なモデルであるSTAC（Scaffolding Theory of Aging and Cognition）モデル（Park & Reuter-Lorenz, 2009）に基づいて，どのような支援の試みが「補償」を高める可能性があるのかを検討したい。まず，ここでいう"scaffolding"（足場かけ）は，生涯を通して変化する神経力学のプロセスを指している。ただ，本来の意味での「足場かけ」とはブルーナー（Bruner, J. S.）が，ヴィゴツキー（Vygotsky, L. S.）の「発達の最近接領域」（Zone of Proximal Development）から示唆を得て作った概念である。発達の最近接領域における，次の目標達成のための足場を構築するという意味がある。もともとは発達の前半期で検討されてきた概念といえる。
　発達の後半期においても，この「足場かけ」の概念は重要である。STACモデルでは，「補償となる足場かけ」（Compensatory Scaffolding）という概念で示されている（図5-3）。ここには神経科学的な補償作用が入る。たとえば，前述した（図5-2で示した）ように，大脳の中で側性化されていた機能が両側化するような変化である。他にも，前頭葉による機能の補強，ニューロン新生（神経幹細胞や前駆細胞から新たな神経細胞が分化すること），新しい部位の補充（新しいネットワーク）などである。この概念が，「機能の低下」「神経系の

問題」で影響をうける「認知機能のレベル」（この中に自己制御機能も含まれる）に，別の経路から影響を与えている（図5-3）。

また，「足場かけの促進」(Scaffolding Enhancement) という概念も示されている（2014年に示されたSTACモデルの改訂版であるSTAC-Rでは「介入」(intervention) という語が用いられている（Reuter-Lorenz & Park, 2014））。神経科学的な足場づくりを促進する試みであり，発達支援からみると，この概念は重要なので，やや詳しく検討してみたい。

「足場かけの促進」には，「新しい知識や技能の獲得」，「社会的・知的な取り組みへの参加」，「運動」，「認知トレーニング」がある（STAC-Rでは，これらの他に「瞑想」も追加されている）。「新しい知識や技能の獲得」の例としては，新しく編み物や写真撮影の技能を獲得するような認知的挑戦が含まれている。また，「運動」にはウォーキングなどの有酸素運動が，「認知トレーニング」には，記憶の訓練や，処理速度を速める訓練などが含まれる。

ここで注目したいのは「社会的・知的取り組みへの参加」である。2つの意味で重要な促進要因であると思われる。1点目は，発達の前半期の研究結果の

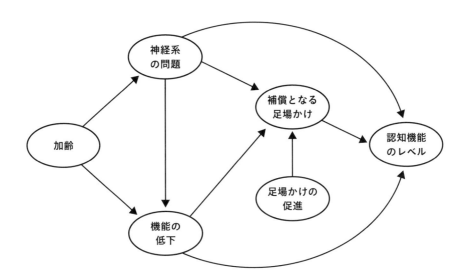

図5-3　STACモデルの概念
(Park & Reuter-Lorenz (2008)を一部改変して引用)

示唆から，2点目は高齢者を対象とした「知恵」の獲得研究の示唆から，この要因の重要性が指摘できる。それぞれについて確認しておきたい。

　幼児期の自己制御能力（実行機能）の促進を検討した研究から，他者にルールを教えるという経験が子どもの自己制御の発達にとって重要であることが分かった（Moriguchi, Sakata, Ishibashi, & Ishikawa, 2015）。幼児を対象とした実験において，ぬいぐるみや人形（他者）を対象に，ルールを教える課題を与えたところ，自己制御の機能が向上し，課題の前後で，前頭葉の活動量の上昇が確認されている。他者との関わりの中で，他者に何かを教えるためには，その内容を吟味し，内省するプロセスが必要であり，そのような経験が自己制御機能の形成にとって重要であることを示した。

　一方，高齢者の「知恵」の獲得をみた研究でも類似したことが指摘されている。すなわち，他者との関わりの中で，異質の他者の考え方を自分の中に取り入れ，それを対象化し，それまでの自分の考えと比べるなどして吟味することが知恵獲得にとって重要であるという指摘である（鈴木, 2016）。幼児期の実験とはレベルが異なるものの，他者との関わりを通して，そこで内省する経験が自己制御の形成や知恵の形成にとって重要であることが分かる。そして「知恵」は，前述したように，自己制御機能の低下を補償する，重要な要素になるものと思われる。

5　まとめにかえて

　壮年期以降の自己制御は，これまで長い時間をかけて培ってきた機能が成熟し，さらに老化の影響を受けるプロセスであるといえる。本章では自己制御の中の，特に抑制機能について概観してきたが，加齢に伴う神経科学的な変化に応じて機能の低下がみられる反面，それを補う（補償する）神経科学的なメカニズムが存在する。さらに，その補償のメカニズムを促進する様々な取り組みがある。発達を支援するものにとっては，この促進要因を念頭において，壮年期以降の発達を支えていくことが望まれる。

【文　献】

Cabeza, R.（2002）．Hemispheric asymmetry reduction in older adults: The HAROLD model. *Psychology and Aging*, 17（1），85-100.

Carstensen, L. L.（1992）．Social and emotional patterns in adulthood: Support for socioemotional selectivity theory. *Psychology and Aging*, 7（3），331-338.

Duque, J., Petitjean, C., & Swinnen, S. P.（2016）．Effect of aging on motor inhibition during action preparation under sensory conflict. *Frontiers in Aging Neuroscience*, 8, 1-14.

Eriksen, B. A., & Eriksen, C. W.（1974）．Effects of noise letters upon the identification of a target letter in a nonsearch task. *Perception and Psychophysics*, 16, 143-149.

Friedman, N. P. & Miyake, A.（2004）．The relations among inhibition and interference control functions: A latent-variable analysis. *Journal of Experimental Psychology: General*, 133, 101-135.

Giedd, J. N.（2004）．Structural magnetic resonance imaging of the adolescent brain. *Annals of the New York Academy of Sciences*, 1021, 77-85.

Grady, C.（2012）．The cognitive neuroscience of aging. *Nature Reviews Neuroscience*, 13, 491-505.

長谷川大吾・藤田好彦・坂本晴美・巻直樹・若山修一・稲田晴彦・奥野純子・柳久子．（2016）．介護老人保健施設入所者の転倒発生状況：移動手段に着目して．日本転倒予防学会，2（3），23-32.

Hasher, L., & Zacks, R.（1988）．Working memory, comprehension, and aging: A review and a new review. In G. Brown（Ed.），*The psychology of learning and motivation*（pp.193-325）．San Diego, CA: Academic Press.

加藤公子・中村昭範・倉坪和泉・伊藤健吾．（2012）．健常高齢者における抑制機能の特異性．老年精神医学雑誌，23（12），1463-1470.

Kawai, N., Kubo-Kawai, N., Kubo, K., Terazawa, T., & Masataka, N.（2012）．Distinct aging effects for two types of inhibition in older adults: a near-infrared spectroscopy study on the Simon task and the flanker task. *Neuroreport*, 23, 819-824.

Labouvie-Vief, G.（1999）．Emotions in adulthood. In V. L. Bengston & K. W. Schaie（Eds.），*Handbook of theories of aging*（pp. 253-267）．New York: Springer.

Luria, A. R.（1961）．*The role of speech in the regulation of normal and abnormal behavior*. New York: Pergamon Press.

Luria, A. R.（1973）．*The working brain*. London: Penguin.

Moriguchi, Y., Sakata, Y., Ishibashi, M., & Ishikawa, Y.（2015）．Teaching others rule-use improves executive function and prefrontal activations in young children. *Frontiers in Psychology*, 6, 894.

Park, D. C., & Reuter-Lorenz, P.（2009）．The Adaptive Brain: Aging and Neurocognitive Scaffolding. *Annual Review of Psychology*, 60（1），173-196.

Reuter-Lorenz, P. A., & Park, D. C.（2014）．How Does it STAC Up？ Revisiting the Scaffolding Theory of Aging and Cognition. *Neuropsychology Review*, 24（3），355-370.

Simon, J. R.（1969）．Reactions towards the source of stimulation. *Journal of Experimental Psychology*, 81, 174-176.

鈴木忠．(2016)．成熟と英知　鈴木忠・飯牟礼悦子・滝口のぞみ (編著)，*生涯発達心理学　認知・対人関係・自己から読み解く* (pp193-205)．有斐閣.

土田宣明．(1997)．老年期の抑制機能．*発達心理学研究*, 8 (1), 26-33.

Tsuchida, N., Morikawa, S., Yoshida, H., & Okawa, I. (2013). Motor inhibition in aging: impacts of response type and auditory stimulus. *Journal of Motor Behavior*, 45 (4), 343–350.

Yoon, C., May, C.P., & Hasher, L. (2000). Aging, circadian arousal patterns, and cognition. In D. Park, & N, Schwartz (Eds.) *Cognitive aging: A primer* (pp.151-171). Philadelphia: Psychology Press.

Wood, S., Busemeyer, J., Koling, A., Cox, C. R., & Davis, H. (2005). Older Adults as Adaptive Decision Makers: Evidence From the Iowa Gambling Task. *Psychology and Aging*, 20 (2), 220–225.

第Ⅲ部

発達障害と自己制御の支援

第Ⅲ部　発達障害と自己制御の支援

第6章 知的障害の子どもの自己制御の支援

池田吉史

1 はじめに

　知的障害の子どもは，学校や家庭，地域における日常生活場面において，自己制御の弱さに関連したさまざまな問題行動を示す。たとえば，「学習活動に時間がかかる」「活動への取りかかりが遅い」「忘れ物が多い」「順番を待ったり列に並んだりできない」といった問題行動を示すことが少なくない。しかし，これらの問題行動をとってしまうこと自体が問題なのではなく，結果として目の前の活動に適切に取り組むことができないことが本質的な問題だと考えられる。そのために，学習を積み重ねられず，自立や社会参加に必要なスキルを身につけることができないばかりか，失敗経験を重ねた結果として自尊感情が低下し，さまざまな二次障害が生じてしまうのである。したがって，知的障害の子どもが活動に適切に取り組むことができるように支援をすることが重要である。

　知的障害の子どもが活動に適切に取り組むことができるようにするためには，包括的な支援が重要である。包括的な支援には，活動を子どもの発達段階に合わせること，必要な手がかりをどのように示すかといった物理的な環境を整えること，誰と活動するかといった社会的環境を整えること，支援者による子どもへの働きかけを調整することの4つの視点に立った支援が含まれる。これらの支援は，一つ一つを見るとすでに多くの支援者によって実践されているものだと考えられるが，時としてバラバラになりやすい。支援者は一つ一つの支援をしっかりと実施しようと一生懸命に取り組むが，その結果，支援が多くなりすぎてしまい，支援者側の負担の増大もさることながら，子ども側にも混乱を来すことにもつながりかねない。したがって，自己制御の理論に基づいて一貫した支援を行うことが効果的かつ効率的だと考えられる。

筆者は，自己制御が我々の適切な行動を形成するために必要な要素の一つであると捉えている。知的機能もまた適切な行動を形成するために必要な要素の一つであると考えられるが，それだけでは我々の行動を十分に説明することはできない。たとえば，注意欠如・多動症の子どもたちは，知的機能を評価する知能検査において平均以上の知能指数（IQ）を示すにも関わらず，日常生活場面では問題行動を示し，活動に適切に取り組めないことが少なくない。このような場合，子どもの行動を知的機能の側面のみで評価してしまうと子どもの弱さを理解できず，必要な支援を講じることができなくなってしまう。そればかりか，知的機能の発達水準から期待される行動を十分な支援もせずに要求しすぎるあまり，子どもを追い込んでしまうことにもつながりかねない。子どもが適切な行動をとることができない背景の一つとして自己制御を捉えることは，必要な支援を実施して子どもの自立と社会参加を促すために重要である。

　なお，筆者は自己制御（self-control）と実行機能（executive function）は類似した概念であると捉えている。自己制御は認知的な自己制御と情動的な自己制御の2側面で構成されると考えられているが，実行機能もまた認知的制御と情動的制御の2側面で構成されるという立場に筆者が立っており，自己制御も実行機能も認知と情動の両側面を含むという点で共通しているためである。そのため，以下では実行機能という用語に限定して，知的障害児の実行機能の支援について述べる。

2　実行機能

　実行機能とは，課題解決や目標達成を効率良く行うために，思考・行動・情動を意識的に制御する高次脳機能である（Ardila, 2008）。実行機能の概念は，前頭葉損傷患者の症例報告に基づいており，特に前頭前野（prefrontal cortex）に密接に関連することが指摘されている。前頭前野損傷患者では，言語や記憶，知覚などの知的機能には障害が認められないが，以下の2つの特徴を示すことが報告されている。1つ目は，目標志向的行動に関する困難である。自ら目標を立て，それに沿って自己の行動を計画・実行し，自己の行動を監視しながら必要に応じて調整するという一連のプロセスに困難を示す。たとえば，

何をどのようにするか決められない，将来の行動をあれこれ口に出してもすぐにやめてしまう，うまくいかない方法で行動し続けるなどの困難が現れる。2つ目は，社会的行動に関する困難である。自己の欲求を満たしながらも社会的に受容される行動をとることに困難を示す。たとえば，自己の欲求をストレートに表現して社会的な非難を受けたり，自己の欲求を表現する行動を起こせなくなったりする。このように，前頭前野損傷患者は，目標志向的行動や社会的行動の困難が生じることで理性的で信念のある生活を送ることができなくなる。多くの先行研究では，前頭前野損傷患者が示す2つの特徴は分類されてこなかった（Peterson & Welsh, 2014）。しかし，最近の研究では，これらの行動は，重なりはあるが異なる実行機能によって支えられているという認識が形成されつつある。両者は，ともに課題解決や目標達成のために思考や行動を制御することに関わるが，そこに情動の制御がどの程度関与するかで区別されている。以下では，それぞれの行動を支える実行機能について概要を確認する。

　まず，目標志向的行動に関わる実行機能である。目標形成，プランニング，プランの実行，評価と調整という，いわば行動のPDCA（plan-do-check-act）サイクルを支える様々な認知処理が含まれる。課題に取り組む方略形成であるプランニング（planning），課題関連情報を保持及び操作する能力であるワーキングメモリ（working memory），課題無関連情報を抑える能力である抑制（inhibition），課題関連情報を切り替える能力であるシフティング（shifting）などである（Best, Miller, & Jones, 2009）。プランニングは，一連の時間や行動の流れの中で時間の区切りを見出し，その区切りの中でどの行動を実行に移すかを考える力である。プランニングに弱さがあると，どのように取り組んで良いか分からず，行動を開始できなかったり，行き当たりばったりになったりしてしまう。ワーキングメモリは心的作業を行いながら必要な情報を保持する能力であり，その弱さがあると，活動が途中で止まったり手順を飛ばしてしまったりする。抑制にはいくつかの種類があり，その弱さは，衝動的に反応してしまう，妨害刺激につられてしまう，関係のないことを考え続けてしまうなどの困難として現れる。シフティングは思考や行動を柔軟に切り替える能力であり，その弱さはすぐに別の考えに変更することができないといった思考レベルの困難だけでなく，頭では別の考えに切り替わっているにもかかわらず以前

第6章 知的障害の子どもの自己制御の支援

と同じ行動をしてしまうという行動レベルの困難としても現れる。目標志向的行動に関わる実行機能は，情動や動機付けの重要性を欠いた文脈において抽象的な問題解決を求める課題（たとえばWisconsin Card Sorting Test）を用いて検討されてきた。前頭前野の外側部（lateral prefrontal cortex）に損傷を受けると，それらの課題において成績が低下することが指摘されている。目標志向的行動に関わる実行機能は，情動や動機付けの関与の低さから，クールな実行機能（Zelazo & Müller, 2002）やメタ認知的実行機能（Ardila, 2008）と呼ばれている。

　次に，社会的行動に関わる実行機能である。認知処理として，感情コントロール（emotional control）が含まれる。感情コントロールの弱さは，強い感情反応を抑えることだけでなく，感情反応を維持することの困難としても現れる。社会的行動に関わる実行機能は，情動や動機付けの制御が必要な文脈の中で問題解決を求める課題を用いて検討されてきた。代表的な課題は，ギャンブリング課題である。この課題では，被験者は4組のトランプの束の中からカードを1枚ずつ選択し，その度にカードの裏に書かれた金額を疑似紙幣で報酬として得るか，罰金として失う。この課題の目標は，最終的に出来るだけ多くの金額を稼ぐことである。しかし，2組のデッキは1回の報酬が高額だが，罰金の割合が高く最終的には損をし，残りの2組は1回の報酬は低額だが，罰金の割合が低く最終的には得をする仕組みになっている。被験者はどの束が最終的に利益をもたらすのかは知らされないが，健常者の場合，回を重ねるごとに得をする束から選択するようになる。しかし，前頭前野の眼窩部（orbitofrontal cortex）に損傷を受けた患者では損をする束で選び続けてしまう。つまり，目先の大きな利益を得たいと言う欲求に負けて，最終的に多くの金額を得るという目標を達成することが困難になるのである。社会的行動に関わる実行機能は，情動や動機付けの関与が高いことから，ホットな実行機能（Zelazo & Müller, 2002）や情動・動機付け的実行機能（Ardila, 2008）と呼ばれている。

　実行機能は，どのような場面でも必要となるわけではなく，新奇的な場面で必要とされる。問題解決や目標達成は，必ずしも実行機能を必要とはしない。慣習化され，自動化された思考・行動・情動の制御が十分に通用する場合には，実行機能は必要とされないのである。実行機能が必要となるのは，そうした自

動化された制御がもはや通用しないときである。我々の行動は刺激によって駆り立てられるが，ある刺激に対して結びつきが既に十分に構築された反応が問題解決や目標達成に際して用を成さず，新たな反応との結びつきを必要とするときに，つまり，刺激と反応との間の結びつきを再構築するときに，実行機能が役割を果たすのである。この意味においては，実行機能が学習や適応といった知的障害の中核的問題と大いに関連があることが考えられる。

3 知的障害児の実行機能

　知的障害は，知的機能の制約と適応行動の制約に特徴づけられる神経発達障害の1つである。米国知的・発達障害協会は，2010年に出版した『知的障害定義，分類，および支援体系第11版』において「知的障害は，知的機能と適応行動（概念的，社会的および実用的な適応スキルによって表される）の双方の明らかな制約によって特徴づけられる能力障害である」と定義している。知的障害は，これらの制約が発達期に生じ，それによって個人に自立と社会参加の困難がもたらされた状態のことであると考えられる。

　知的機能は，知能や知的能力と同義である。知的機能は，推論する，計画する，問題を解決する，抽象的に思考する，複雑な考えを理解する，速やかに学習する，経験から学習するといった要素を含んでおり，周囲の環境を理解するための広く深い能力である。知的機能は，WISC-Ⅳ（日本文化科学社）やKABC-Ⅱ（丸善出版）などの知能検査によって評価されることが多い。たとえば，WISC-Ⅳは，知能を一般因子（全検査IQ）と特殊因子（言語理解，知覚推理，ワーキングメモリ，処理速度）から構成される階層的多因子構造として捉え，各指標領域を評価する複数の検査を通して，対象児の発達水準や個人内差を評価する。

　適応行動とは，日常生活において人々が学習し，発揮する概念的スキル，社会的スキルおよび実用的スキルの集合である。概念的スキルには，読み書きや金銭，時間などの概念に関連したスキルが含まれる。社会的スキルには，対人的スキル，社会的責任，規則や法律を守ることなどが含まれる。実用的スキルには，身の回りの世話，健康管理，交通機関の利用などが含まれる。代表的な

検査には，Vineland-Ⅱ適応行動尺度（日本文化科学社），S-M社会生活能力検査第3版（日本文化科学社），ASA旭出式社会適応スキル検査（日本文化科学社）などがある。たとえば，Vineland-Ⅱは，コミュニケーション，日常生活スキル，社会性，運動スキルという4つの適応行動領域において，対象者が支援なしにどれくらいの頻度で当該の行動を起こすかを保護者や支援者との半構造化面接を通して評価する。

　知的機能と適応行動は，必ずしも適応行動が低ければ知的機能も低いといった必要十分条件を満たす関係にはない。知的機能は，多くの場合に知能検査で評価されることから，どのように取り組むかが明示的に教示された環境下で測定されたその人の最大限の知的能力であると言うことができる。一方で，適応行動は，多くの場合に日常生活における行動の様子から評価されることから，知的能力を自発的に発揮して起こした行動であると言うことができる。知的能力がなければそれに見合った行動は起こらないが，知的能力があっても必要な時にそれをうまく発揮できなければ行動は十分とはならない。これは，知的機能と適応行動との間に乖離がある状況であると考えることができる。

　知的機能と適応行動との乖離の背景には，あくまでもその要因の一つとしてだが，実行機能が関与していると考えられる。知的機能がいくら高くても，目の前の活動に計画的に取り組んだり，感情をコントロールしながら活動に取り組んだりできないと，つまり実行機能が弱いと適切な行動を起こすことは困難となる。注意欠如・多動症や自閉スペクトラム症だけでなく知的障害も含めた神経発達障害児においては，実験心理学的研究や神経科学的研究から実行機能の弱さが指摘されている（池田，2013；池田，2016）。特に知的障害においては，実行機能の認知と情動の両面で弱さを抱えやすいとことが指摘されている。一方で，ダウン症は言語系の弱さに関連した実行機能の弱さがあり，ウィリアムズ症は視空間系の弱さに関連した実行機能の弱さがあるとされるなど，知的障害として一括りには考えられない部分もあるようである。とはいえ，知的障害では，さまざまな実行機能の弱さから，知的機能から期待される発達水準に適応行動が達していない状況がしばしば生じているものと考えられる。したがって，知的障害の子どもの実行機能に着目することは，適応行動を高めるための支援方法を考案し，彼らの自立や社会参加を促すためにきわめて重要である。

4 実行機能の支援

　実行機能の支援に当たって，発達支援の基本的な考え方を意識することが重要である。1点目に，実行機能は，知的機能を自ら発揮するために必要な要素であり，主体的に活動に取り組むために欠かせない。そのため，実行機能の弱い子どもへの支援は，子どもに主体的に活動に取り組ませるための支援であると言うことができるだろう。2点目に，実行機能への支援アプローチは，個人の実行機能を高める支援と個人の実行機能を補う支援の2つがある。一方で，実行機能をトレーニングによって高めるアプローチが多くの研究で試みられている。知的障害を対象とした研究も数は少ないがワーキングメモリを中心として行われており，その多くの研究で改善が報告されている。特に，その効果はトレーニング課題が言語性あるいは視空間性のいずれかの刺激のみを取り上げた場合よりも両方を取り上げた場合に大きいことが示唆されているが，効果がトレーニング後も長期にわたって持続するのか，日常生活の活動においても応用されるのかについては知見の蓄積が必要である（Danielsson, Zottarel, Palmqvist, & Lanfranchi, 2015）。他方で，環境を調整して活動が個人に要求する実行機能の負荷を発達段階に合わせるアプローチも試みられている。3点目に，実行機能は，メタ認知という用語で表現されるように，自己の思考や行動，情動を客観的に分析することが基盤にある。しかしながら，実行機能の弱い子どもは，頭の中だけでそのような分析をすることが難しい。したがって，頭の外に出して客観的に分析させることが重要である。

　これらの考え方を踏まえた実行機能の弱い子どもへの支援アプローチが提唱されている（たとえばDawson & Guare, 2014）。提唱されている実行機能の支援アプローチは，以下のような4つのステップにまとめられる。1つ目は，目標設定である。問題行動を特定し，それを解消するために必要な目標行動を設定する。問題行動それ自体を減らそうとするアプローチも重要だが，問題行動が起きた時に本来取り組まなくてはならなかった適切な行動をターゲットにしてそれを高めていくことがより重要である。2つ目は，環境レベルでの支援である。環境レベルの支援には，課題の調整，物理的環境の調整，社会的環境の調整，働きかけの調整が含まれる。表6-1に，実行機能の具体的な支援例をま

第6章 知的障害の子どもの自己制御の支援

表6-1 実行機能の支援例

実行機能	支援例（課題, 物理的/社会的環境, 働きかけ）
プランニング	課題をクローズエンドにする 課題をスモールステップにする 課題の手順を示す, 一緒に考える
ワーキングメモリ	課題の手順を確認できるようにする 課題の手順の覚え方を一緒に考える 必要な道具だけを準備させる
抑制	妨害刺激を減らす 社会的複雑さを減らす（子どもを少なくする） 大人が監督する, 見守る
シフティング	課題に選択肢と多様性を持たせる 取り組む順序に選択肢と多様性を持たせる 場面に望ましい行動を確認できるようにする
感情コントロール	目標を決めて意欲を高める ふりかえりをして達成感を持たせる 困った時の対処方法を事前に約束する

とめた。3つ目は，実行機能の弱さを補うスキルを教えることである。たとえば，いつ，どこで，何を，どのように取り組むかを確認させるチェックリストや手順表，目標設定・振り返りシートなどの外的な補助ツールを使いながら活動に取り組むことを覚えさせる。補助ツールを使いながら取り組み続けているうちに，補助ツールに埋め込まれた認知プロセスが個人に内化し，次第に補助ツールを使わなくても行動できるようになることを長期的には期待する。4つ目は，スキルを学ぶことへの動機づけを高めることである。補助ツールを使って活動すること自体も大きな負荷となる可能性があるため，子どもの状態によっては報酬を設定したり，達成感を持たせたりして，活動への動機づけを高めることが重要である。

以下では，筆者の研究室で取り組んだ実行機能の弱い子どもへの支援実践について紹介する。本実践では，軽度知的障害を伴う自閉スペクトラム症児を対象として，日常生活における支援方法について，知的機能，適応行動，実行機能

73

特性を踏まえて考案し，その効果を検証することを目的とした。

　対象児のプロフィールは，以下の通りである。小学校特別支援学級1年生（6歳）で軽度知的障害を伴う自閉スペクトラム症児1名であった。質問紙を用いて調べたところ，自閉スペクトラム症特性は強く，注意欠如・多動症特性は強くなかった。知的機能，適応行動，実行機能の3つの観点から包括的に実態把握を行った。知的機能はWISC-IVを用いて評価し，軽度知的障害があること（全検査IQ67），言語理解が個人内の強みであること（言語理解82，知覚推理67，ワーキングメモリ68，処理速度76）が明らかとなった。適応行動はVineland-IIを用いて評価し，全般的に適応行動が低いこと（適応行動総合点54），コミュニケーションが個人内の強みであること（コミュニケーション75，日常生活スキル51，社会性51）が明らかとなった。特に，身辺自立や家事で評価点が低いことが示された。また，知的機能と適応行動を比較すると，全般的な知的発達水準から期待される水準よりも適応行動が低いことが示された。実行機能の評価は，BRIEF-P（Gioia, Espy, & Isquith, 2003）を参考にして実施した。その結果，全般的に同年齢の子どもより実行機能が低く，特に，プランニング，ワーキングメモリ，抑制に弱さがあると考えられた。これらの実行機能の弱さが，知的機能と適応行動との乖離の背景の一つであると考えられた。

　支援の最初のステップは，以下の通りである。まず，支援場面を設定した。保護者への聞き取りを通して，身辺自立に弱さがあり，着替え，食事，洗面といった朝の支度を一人でできる部分が少ないことから，朝の支度を支援場面として設定した。次に，目標を設定した。実態把握期を設けて普段の行動の様子を観察したところ，朝の支度において保護者の手伝いなしにできる行動が少ないことが明らかとなったため，朝の支度を「正しく」「自分で」「安定して早く」できるようにすることを目標とした。そして，標的行動を設定した。目標を達成するために必要な具体的な行動を標的行動として場面ごとに設定した。たとえば，着替えの場面では「1．靴下を履く」などである。

　標的行動を形成するために，実行機能の弱さを補うための支援を2期にわたり段階的に実施した。支援期Iでは，「手順表」の導入と「物理的環境調整」を行い，必要のない情報に注意が向かいにくいようにしつつ，いますべきことを意識しやすくするために必要な情報を視覚的に提示した。これらの支援を通

して，対象児に活動内容を理解させて標的行動を定着させることを図った。支援期Ⅱでは，支援期Ⅰの支援に加えて，「目標設定と振り返り」を導入した。目標設定では，朝の支度の開始時刻や着替え，食事，洗面の各場面の終了時刻，達成する標的行動の数などについて，支援者の助言を踏まえながら，その日に頑張りたいと対象児が考えた通りに目標を決め，活動への意識を高めることを図った。また，その日の朝の支度が終わった後に振り返りを行い，良く出来ていた点や改善できる点について確認をし，達成感や意欲を高めることを図った。

　支援者の関わり方の調整は，以下の通りである。支援者は，対象児の母親もしくは父親であった。支援者は，最初から手伝うのではなく，対象児の行動を観察してしばらく待ってから，声かけや指さしといった支援を行い，それでも難しい場合に手伝うといった方針で関わった。特に，声かけや指さしは，「○○しなさい」といった直接的な指示ではなく，手順表や物など手がかりに注視させることを意識した。最終的には支援者がいなくても手順表といった補助ツールがあれば朝の支度を一人でできるようになることを目指したためである。

　支援方法の効果を見るために，実態把握期（10日間），支援期Ⅰ（19日間），支援期Ⅱ（19日間）の3期において，対象児の行動がどのように変化したかを分析した。「正しく」できたかを見るために，標的行動の生起率を算出した。その結果，実態把握期ではおよそ半分ほどしか生起していなかったが，手順表と物理的環境調整を行った支援期Ⅰに82%，支援期Ⅱに95%と上昇した。「自分で」できたかを見るために，標的行動が支援者の声かけや指さし，手伝いなどの支援を受けずに一人でできたかを記録した。このとき，手順表を見ながら一人でできた場合も自立してできたとみなした。その結果，実態把握期では自立率が15%であったが，支援期Ⅰでは64%，支援期Ⅱでは94%と上昇した。「安定して早く」できたかを見るために，朝の支度の一日ごとの所要時間と，各期の所要時間の平均値と標準偏差を用いてばらつきの指標である変動係数を算出した。その結果，所要時間は実態把握期で35分6秒だったが，支援期Ⅰで34分14秒，支援期Ⅱで30分42秒と減少した。さらに変動係数は，実態把握期で0.25，支援期Ⅰで0.15，支援期Ⅱで0.17と減少した。また，手順表の活用状況について調べたところ，当初は声に出して読むことが多かったが，徐々に見るだけでできるようになり，さらに手順表を見ずに口頭で言うことができるよう

になり，手順表を活用しなくても標的行動ができるようになった。また，目標設定と振り返りを導入したことで，自ら設定した目標を意識した言動も日ごとに増えていき，目標に向かって取り組む姿が見られるようになった。対象児の様子を振り返ると，実態把握期では，着替えにすぐに取りかかることができずにおもちゃで遊んでしまい，両親に注意されてからようやく始めることが少なくなかった。しかし，支援を重ねるにつれて，朝の支度を一人でできるようになり，自分でできたことの喜びやそれに対して両親から褒められることの喜びを感じながら，意欲的に取り組むことができていたようであった。

　実行機能の支援には，重要な意義がある。まず，知的機能だけで捉えようとしてしまうと見えてこない子どもの弱さに気づくことである。子どもは，自分の弱さに気づいて寄り添ってくれる大人に心を開いてくれるのではないだろうか。次に，子どもの能力を発揮させるという視点に立つことで，環境づくりや関わり方などの具体的な支援方法が見えることである。そこでは，これまで行ってきた支援が不足していたことや過剰であったことに気がつくことも少なくない。そして，目の前の活動に適切かつ主体的に取り組むことができるようになることで，子どもは自信をつけながら学習を積み重ねられることである。特別支援教育においては，自立と社会参加を促すことを大きな目標として，適応行動をいかに高めることができるかが求められていると言えるが，実行機能に着目することでその実現により一層近づくことができると考えられる。

【文　献】

Ardila, A. (2008). On the evolutionary origins of executive functions. *Brain and Cognition*, 68, 92-99.

Best, J. R., Miller, P. H., & Jones, L. L. (2009). Executive functions after age 5: Changes and correlates. *Developmental Review*, 29, 180-200.

Danielsson, H., Zottarel, V., Palmqvist, L., & Lanfranchi, S. (2015). The effectiveness of working memory training with individuals with intellectual disabilities–a meta-analytic review. *Frontiers in Psychology*, 6, 1230.

Dawson, P., & Guare, R. (2014). Interventions to promote executive development in children and adolescents. In J. A. Goldstein, S., Naglieri (Eds.), *Handbook of Executive Functioning* (pp.427–443). New York: Springer.

Gioia, G. A., Espy, K. A., & Isquith, P. K. (2003). *Behavior Rating Inventory of Executive Function-Preschool Version*. Odessa, FL: Psychological Assessment Resources.

池田吉史. (2013). 発達障害及び知的障害と実行機能. *SNE ジャーナル*, 19, 21-36.

池田吉史. (2016). 発達障害及び知的障害の実行機能と脳病理. *Journal of Inclusive Education*, 1, 132-139.

Peterson, E., & Welsh, M. C. (2014). The development of hot and cool executive functions in childhood and adolescence: Are we getting warmer?. In J. A. Goldstein, S., Naglieri (Eds.), *Handbook of Executive Functioning* (pp.45–65). New York: Springer.

Zelazo, P. D. & Müller, U. (2002). Executive function in typical and atypical development. In U. Goswami (Ed.), *Blackwell Handbook of Childhood Cognitive Development* (pp.445–469). Oxford: Blackwell Publishing.

第Ⅲ部　発達障害と自己制御の支援

第7章 自閉スペクトラム症のある子どもの自己制御の支援

片桐正敏

1 はじめに

　アメリカ精神医学会の診断基準であるDSM-5によれば，自閉スペクトラム症（Autism spectrum disorder, ASD）は，社会的コミュニケーションおよび対人的相互反応における持続的な障害があり，限局的・反復的な行動や興味，活動，および感覚の偏り（敏感さ，鈍感さの一方もしくは両方）が認められることで診断される発達期に現れる障害である（American Psychiatric Association, 2013）。ASDのある人に対して支援を行うにあたり重要な点は，社会性の障害は認知機能の偏りから生じていると同時に，環境の側にも社会的な関わりを困難にする障害が存在する，という点である。すなわち，支援では人が持つ認知特性と環境との相互作用で社会性の困難さが生じている，という生態学的な視点が重要である。ASDのある人が持つ認知特性とは何か，ということであるが，そもそも社会性と関連する認知特性は多岐にわたり，それらが複雑に関連しあっているため，客観的に評価するのが難しい。本章では後述する森口（2016）の実行機能の定義も踏まえ，ASDの自己制御の定義を「自分の行動を制御する社会適応上必要な目標指向的な認知機能」として論を進めたい。

　ASDの自己制御についてだが，もう少し噛み砕いて説明したい。自己制御は文字通り「自分の行動を制御する」という意味であるが，これを自動車に例えてみよう。行動の制御そのものは「ハンドル操作」であるが，実際にハンドルだけ動かしても行動が遂行されない。「アクセル」は行動を遂行するために必要であるが，アクセルを踏むだけでは暴走してしまう。「ブレーキ」は行動の抑制，すなわちアクセルを踏むことによって行われる行動を止めたり和らげた

りする働きである。ASDのある人の場合，自己制御を担うハンドル，アクセル，ブレーキの個々の機能でみると目立った大きな欠陥はないが，人によってそれぞれ微妙に性能が異なり，個人差も大きいので，扱いが難しい。例えば急カーブなどでハンドルを大きく切る場合には，当然アクセルを弱めたり，ブレーキを踏んだりするのだが，その複数の性能に凸凹があり，うまく連携することが難しい。時にはアクセルが効きすぎたり，ブレーキを踏みっぱなしだったり，急発進，急ブレーキもすることもある。ASDのある人は，「状況に応じた」ブレーキやアクセルの切り替えや操作が難しいのである。社会生活では，状況が目まぐるしく変化する。この変化に柔軟に対応できないのがASDのある人の特徴といえるだろう。そうはいっても，社会生活を営む上で，特に新奇な状況や特別な状況の場合，その状況に応じてアクセルやブレーキへの力の入れ具合や切り替えをスムーズに行うのは，定型発達の人でも実際は容易ではない。だが，日常生活ではこうした変化に対してある程度自然と（脳に負荷をかけずに）対応できていることが多い。この「自然と」というのがASDのある人では難しい。特にASDの社会適応で問題となるのが，情動の制御の問題（特に否定的な情動）とこだわりや限局的・反復的な行動様式に対する行動制御の問題であろう。これらの制御に対して重要な役割を担っているのが，実行機能である。

　本章では，まず実行機能と自己制御についてこれまでの研究を概観し，自己制御の発達と関連したASDに特異的な認知機能・認知特性について議論を進め，これらを踏まえたASDの支援について述べる。

2 実行機能と自己制御

　実行機能の定義は研究者の中でも異なり，調べると研究者ごとに実に多様な定義が存在する。狭義な意味での実行機能とは，注意制御そのものだとASDの注意研究を行っている筆者は考えている。その理由としては，注意制御は「能動的かつ目標指向的」であるからである。とはいえ，実際に様々な臨床場面を考えると，確かに実行機能の定義としてはいささか不十分であることも理解してはいるが，全てを包含するようなあらゆる要素を盛り込んで定義付けするとかえって焦点が見えにくくなるだろう。そこで本章では，森口（2015）が示し

ている「目標指向的な，思考，行動，情動の制御」を実行機能とする。

　実行機能は，前述した森口の定義を踏まえると，日常我々が生活したり勉強したり，人と会話をしたり，時として重大な決断を行う時に働く重要な高次神経心理学的機能であることに疑いはないだろう。ここで重要なのは，目標指向的である（意思が働く行動）ということである。ASDのある人では，行動面において反復的で常同的な行動様式を示す。これらのうちどれくらい実行機能が関与しているかを示すのは難しいが，意思が働いて制御しようとしても難しい場合が多いと思われる。このような行動制御の困難さなどから，以前よりASDにおいて実行機能障害の存在が指摘されてきた（Griffith et al., 1999）。

　ASDでは実行機能の複数の領域における機能不全が指摘され，特に課題の切り替えの困難さを報告したものが多い（例えば，Szatmari et al., 1990など）。こうした課題の切り替えの困難さは，臨床的には認知的柔軟性の弱さを示す所見であり，特に注意機能の観点から検討されている。ASDにおいては，注意の解放（注意をやめる）の問題（Landry & Bryson, 2004; Zwaigenbaum et al., 2005）や注意の切り替えの問題（Mann & Walker, 2003; Rinehart et al., 2001）が以前から指摘されており，これらの注意制御の困難さが，ASDの社会性やコミュニケーション，反復的で常同的な行動制御の困難さと関係している可能性がある。これまでASDにおいて実行機能の問題が指摘されてきたためか，かつては実行機能がASDの中核症状であると考えられた時期もあった。だが近年では，高機能自閉症やアスペルガー症候群といった知的能力の高いASDのある人を対象とした研究が進み，これまでの研究と相反する知見も報告されている。こうした流れを受け，実行機能と関連する認知的柔軟性やプランニング，抑制，自己モニタリングなどについてASDの臨床特徴の見直しが試みられている（Robinson et al., 2009）。

　ASDのある人は細部への情報処理が優位であるとされる。代表的な理論としては，弱い全体的統合（weak central coherence）仮説（Happé & Frith, 2006），亢進した知覚機能（enhanced perceptual functioning）仮説（Mottron et al., 2006）であろう。定型発達の人は，特に視覚処理において全体処理が優位であるのに対して，弱い全体的統合は，ASDがもつ細部集中型の情報処理に代表されるような「弱い全体処理」を示すとされる。つまり弱い全体

的統合は，全体処理が弱い，もしくは局所処理が強い認知バイアスのことを指す（片桐，2014）。亢進した知覚機能は，同様にASDの局所処理の優先性を指摘しているが，この優先性は低次の知覚制御の優越の結果という点で立場が微妙に異なるが，何れにせよ両理論とも，ASDは局所優位のバイアスを示すとしており，全体処理との間にはトレード・オフの関係はないとされる（片桐，2014）。

　全体処理優位の認知特性は，一般的に人に見られる比較的頑健な視覚処理バイアスであり，ネイヴォンの階層文字刺激を用いて検討されてきた（Navon, 1977）。片桐ら（2013）は，図7-1のようなネイヴォンの階層文字刺激を用いて，標的刺激を複数回連続して局所もしくは，全体刺激として提示された後，標的刺激が提示された注意レベルとは別のレベルに出現させる「レベル反復課題」（例えば局所レベルに呈示した後，刺激の全体レベルに呈示する）を用いて検討を行った（Katagiri et al., 2013）。その結果，ASDにおいては連続して部分刺激を呈示した後全体刺激への注意の切り替えが困難になることを示した。この場合，全体刺激へと注意を向ける時に局所刺激を抑制することが求められる。この研究では，逆の全体から局所への切り替えについてはASDと統制群で行動成績に差が認められなかった。すなわちASDのある人は，持続的に局所刺激

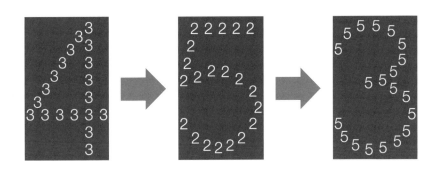

図7-1　刺激例　標的（ボタン押し反応を求める刺激）は2か3
この図の場合，標的が局所レベルに連続呈示された後（局所に3，次いで2が呈示），標的が全体レベルに呈示（全体に3が呈示）。

へ注意を向けるような場合は，全体へと注意を切り替える時に局所への刺激の抑制のみが選択的に難しいことを示唆する知見であり，ASD特有の限局的，反復的な行動傾向と細部への注意の焦点化という特性が，局所刺激に対する知覚処理を増強し，注意を全体へ向けるのを困難にしていると考えられる。この結果は，ASDの細部への注目という認知・行動特性は，単に注意の切り替えのみならず局所処理の抑制困難など複数の実行機能の関与が窺えるものである。

　ASDの局所優位の処理特性は，ASDのある人にとっては適応的な側面でもある（Iarocci et al., 2006）。実際，注意の焦点化は不要な情報の入力を防ぐことで知覚情報処理の負荷を軽減させるだけではなく，刺激が大量流入して不快閾値を超えないようにする働きもあるだろう（片桐，2014）。注意を焦点化することで，一方では情動制御も行っているという側面は，支援を行う際には重要な視点である。ASDのある人が限局的，反復的行動を行う場面では，多くの場合情動の安定に寄与していると思われるが，それは予測可能な特定の情報のみが安定して入力されるという安心感が働いている。環境の構造化などは，まさにこのASDの特性を上手に応用している。ASDの幼児と関わっていると，特定の遊びのみを繰り返し行なったり，おもちゃの車のタイヤを繰り返し回したりするなど，細部に拘った遊びをすることがよく見られるが，それは随伴性の高い刺激を好むというASDの特性と関係する（Gergely, 2001）。つまり，次の動きの予測が難しいものを扱う遊びよりも，（随伴性の高い）動きの予測が容易な遊びの方が落ち着いて遊びに集中できるのかもしれない（片桐，2014）。細部に情報処理を集中させることは，「場の空気を読む」といった様々な情報を広く捉えて統合することが難しくしている反面，安定した随伴性の高い刺激を好み，複数の課題を同時にこなすのが苦手なASDの特性に適った情報処理戦略と言える。

　本項でのこれまでの議論も含め，ASDにおける実行機能研究を概観すると，ASDは課題の切り替えといった認知的柔軟性に課題があるようである。しかしながらASDの実行機能のメタ分析を見ると，特定の実行機能の下位領域に対する機能不全が存在するというよりも，実行機能のほぼ全ての下位領域において中程度の効果量を示したことから，実行機能不全が発達期を通じて比較的安定して認められるようである（Demetriou et al., 2017）。ただしこのメタ分

析は，必ずしもASDが実行機能全般にわたり機能不全があることを示すものではなく，また特定の実行機能のみの不全があるわけではないことも意味する。他の研究を通してみても，個人差も非常に大きく，ASDのある人が成人になると代償機能を獲得して，得意な機能が不得意な機能を補ってある程度生活することは可能であろう。要するに，下位の実行機能のそれぞれ能力がアンバランスであり，うまく連携が取れていない状態にあるのだろう。ASDの細部の焦点化された情報処理戦略が，時には適応的な側面も存在することを踏まえると，ASDにおける実行機能不全は，ASDの社会性の障害や限局的反復的行動などといった行動上の適応困難の直接的な原因と言うよりも，これらの困難さをより際立たせる媒介因子として考えるのが妥当であろう。

3 情動の制御

　ASDのある人にとって情動の制御は難しく，臨床で支援する際にも悩ましい問題である。特に思春期，成人期のASDのある人と関わっていると，不安や抑うつなどの内在化問題を抱えているケースが多い。実際，不安障害を併存している割合はASDのある若者で4割程度存在するなど（van Steensel et al., 2011），ASDの併存症としては一般的であるといえる。不安の高いASDのある人では，社会的認知，社会的コミュニケーション，社会的動機づけ，限局的反復的行動のスコアが高いという報告もある（Factor et al., 2017）。こうした特に不安などの情動の制御を困難にしている一つの原因として有力なのが，覚醒システムの問題である。

　ASDにおける覚醒システムの制御不全は，情動状態の経験に直接影響を及ぼしており，ASDにおける情動制御の問題に潜在的に寄与していると考えられている（White et al., 2014）。ASDのある人で不安状態になったときなどに見られる反復的常同行動は，（予測可能な）随伴性の高い刺激が一定に身体内に入力されることから，覚醒水準を一定に保ち，情動の安定を図る役割をもつ行動とも言えるだろう（もちろんこの解釈が，全てのASDの常同行動を説明してはいない）。覚醒システムの問題は，臨床的には感覚過敏や感覚鈍麻といった感覚偏奇という形で見られるが，実際にASDの8割以上で何らかの感覚処理異常

が認められており（Geschwind, 2009），DSM-5においても感覚偏奇がASDの診断基準として新たに加えられた（American Psychiatric Association, 2013）。

　ASDのある人において，否定的な情動の制御を困難にしている他の要因として，実行機能の問題がある。人間誰しもが否定的な情動状態を感じ，これをいかに長引かせないかが適応の鍵とも言えるが，通常多くの人たちは実行機能を巧みに使いながら情動制御を行っている。ネガティブな気分や状態に対する反応や対応を反応スタイルと呼ぶことがある。これは主に反すう（繰り返し否定的に考え込む傾向），問題解決（ストレスフルな状況を変容させようとする行動・認知的試み），気晴らし（不快な気分から注意をそらすための快活動）で構成され，特に反すうは抑うつの維持・悪化に寄与するとされる（村山ら, 2016）。反すうは，実行機能の更新，および切り替え能力の低下と密接に関係しているとされ，反すうの結果抑制を含む，全ての実行機能が阻害される可能性がある（総説として，服部, 2015）。特にASDのある人の場合，一度否定的情動に焦点化してしまうと，切り替えの困難さからなかなか反すうを断ち切るのが難しいことが容易に想定できる。気晴らしや問題解決には，認知的柔軟性や視点取得，リフレーミングなど様々な情報の再統合（認知的再評価）などが必要であるが，読者の方もお感じのように，これらはASDのある人にとって，手助けを借りず一人で行うのが最も苦手なことである。ASDのある人は，日常では注意の焦点化をすることで，不快刺激を極力取り込まずに情動制御を行っていても，一度不快情動を経験してしまうと，対処行動が難しくなる。加えて，覚醒制御が難しいとますます情動制御が難しくなり，結果的にはパニックのような状態に陥るだろう。

　情動の処理や認知的柔軟性の困難さに関係する脳領域として，ASDでは島皮質が近年注目されている。ASDでは，体性感覚や情動の処理と関係する島皮質と呼ばれる脳領域と扁桃体や感覚処理と関係する脳領域との機能的な神経接続の低下が示されている（Ebisch et al., 2011）。とりわけ前部島皮質は，安静時に活性化し自己意識や身体感覚に注意を向ける状態に働く「デフォルトモードネットワーク」と，問題解決場面で働く「実行機能ネットワーク」のバランスを制御しているほか，情動の処理のほか意思決定や切り替えなど実行機能の処理を担い，ASDにおいて機能低下が指摘されている前帯状皮質との，いわば

接続ポイントでもある（Uddin & Menon, 2009）。ASDのある人では，前部島皮質の機能低下が見られるため，デフォルトモードネットワークと実行機能ネットワークとの調整・切り替えがうまくいかなくなり，適切な環境下や意思決定場面で必要に応じて実行機能を働かせることが難しいと考えられる。前部島皮質は，両者のネットワークの切り替えのほかに，情動処理にも深く関係していることから，この部位の機能不全は，ASDにおいて情動制御を困難にしている神経基盤の一つであろう。

　これまでASDのある人の自己制御について実行機能の側面から述べてきた。ASDは実行機能不全が認められるが，実際に実行機能の下位領域それぞれが単独で問題があるというよりも，連携やバランスに問題があり，加えて覚醒システムの問題がより自己制御の問題を複雑かつ困難にさせていることを述べてきた。これらの背景を知ることは，実際にASDのある人への自己制御の支援を行う上で重要である。何故ならば，まず支援者側がASDの自己制御の困難さの原因を知っておく必要があるからである。例えば，過剰な注意の焦点化や反復的常同行動は一見問題行動のように思えるが，本人にとっては適切な覚醒水準を保つ上で重要な行動であり，気持ちを落ち着けることができる，という適応的な側面があることを述べてきた。支援者がこうしたメカニズムを知ることで，どういった環境を整えれば落ち着くことができるのかを考えることができるだろうし，ASDのある人の自己制御の困難さについての自己理解を手助けできる，と筆者は考えている。これらの議論を踏まえ，次に実際の支援について述べる。

4　自己制御の支援

　筆者は，ASDのある人が自分一人で社会適応可能な自己制御ができるようならなくても良いと思っている。苦手なことやできないことが訓練によってできるようになるにはかなりの労力と時間が必要だからである。もちろん一人でできるに越したことはないが，全て一人で解決する必要はなく，頼れるものは頼る，ことも積極的にしてもよいだろう。そもそもASDは社会性の困難さが特性としてあるわけで，社会性の困難さを一人で克服するのは無理がある。

UCLAのカサリ教授が非常に興味深い報告をしている。彼女らは，ASDのある子ども（ASD群）とクラスメートの子ども（ピア群），特に介入をしない群（統制群），ASD群とピア群（混合群）の4つの群をランダムに選別し，実際の学校の教室で社会スキルトレーニングをする介入研究を実施した。興味深いことに，ASDのある子どもへの社会スキルの介入効果が見られたのは，ピア群と混合群であった。ASD群と統制群は，介入効果が認められなかった。この研究で特に興味深いのは，ピアサポートの持続的効果も強調していることである（Kasari et al., 2012）。このピアを媒介とした介入研究の結果は，少なくとも短期的には，直接ASDのある子どもにだけ介入するよりもピア（この場合はクラスメート）の力を借りたほうが効果的であり，しかも多少環境が変わっても効果が持続することを示している。特にASDの中核症状の改善に対する直接的な介入については，般化の問題や持続性の問題が指摘されており，実際にASDの臨床を行っている読者は常にこの問題に悩まされてきたはずである。ピアを媒介とした支援については近年多くの報告が見られ，一定の効果が確認されている（Chang & Locke, 2016）。加えて，ASDのある子を持つ保護者を対象とした支援プログラムであるペアレント・トレーニングは国内外で幅広く行われている。近年辻井らが積極的に広めているペアレント・プログラムは，保護者の子どもに対する気付きや見方を変えることで，保護者自身の行動変容を促し，その結果子どもの適応やメンタルヘルスの向上を狙っており，実際に一定の効果があることが報告されている（辻井，1016；野村・伊藤，2017）。
　ピアや保護者に対する介入がより効果があるとはいえ，特に怒りや不安といった情動に関する自己制御や助けを求めるスキル，助けてくれるピアや支援者との関係維持といった点に関しては「自己対処」や「自己管理」のスキルも重要であり，ピアを媒介とした支援だけではなく，本人に対してもこれらのスキルを身につけてもらう必要がある。こうしたスキルは，日常生活場面で行うのが望ましい。なぜならば，ASDのある人の社会スキルは訓練場面から生活場面へと般化がしづらいためであり，実際の生活場面で行うことでこの般化の問題を「ある程度」は解決可能だからである。そのために実際にスキル習得を助けてくれる保護者やクラスメートの存在は重要である。もちろん，全てが自分一人でできるようにならなくても良く，助けを借りてでも結果的にできる（困

自閉スペクトラム症のある子どもの自己制御の支援　第7章

らない）ようになればいいわけである。

　多くの人にとって通常より朝早く起きるのは，大概辛いものである。筆者は，その解決策として目覚まし時計を使っている。何を当たり前のことを，とお感じかもしれないが，朝起きるためには，①自分が朝起きられないことを自覚する（自己理解），②できないことは分かっているが（少なくても短期間）訓練をしても起きられるようになりそうもない，③できないことに対する有効な対処法を知っている（環境調整），ことが必要である。どれも欠けていては朝決まった時間に起きられない。起きられると思い込んだら，対処法を取らないし，訓練して起きられるようになると思って訓練しても，まず数日で確実な効果などは見込めない。そして，対処法を知らないと寝坊してしまう。ASDのある人の場合，社会適応に関係する自己制御が難しいのは，それがASDの特性であり，多くがトレーニングしても大幅に改善するのは難しい。さらに，できないことをトレーニングすると当然モチベーションも下がり効果はさほど見込めない。ASDのある子どもには「できないことがあっても対処法がある（結果予期）」ことを伝え，「この方法を取ればうまくできるようになる（効力予期）」経験を通じて実感できるよう支援を行う必要がある。

　ASDのある子どもへの自己制御の支援で鍵になるのは，自己理解と環境調整である。これまで自己制御の困難さと実行機能の不全について述べてきたが，冒頭で述べた通り，人が持つ認知特性と環境との相互作用で社会性の困難さが生じているという生態学的な視点が支援では重要である。つまり，環境との相互作用により困難さが生まれているわけだから，まずは得意不得意を理解した上で，環境調整を行い，それでも困難さが残るのであれば「本人の持っている特性」は生かせるものは生かし，苦手さやできないことは，本人の特性に合った対処法をとるべきである。これまで述べたとおり，自己制御に困難さがあるとはいえ，どれもこれもできない，ということではなく，個々によって当然難しいこと，難しくないことがある。特に困難さが認められないものは生かして，難しいもの，できないものについては対処法を考える必要がある。なおここで扱う環境とは，物質的な環境のみならず，友人やクラスメート，保護者といった人的なものや，時間，プログラムの構造といったものも環境に含まれる。

5　自己理解の方法

　自己理解の支援について，実際どのようなステップを踏めばよいのだろうか。自己理解のプログラムは多くの臨床現場で行われている非常にメジャーなプログラムであるが，その中でも木谷（2013a）の自己理解のステップは臨床をする上で非常に参考になるので以下に紹介する。

- 第一のステップ：自分の得意さ・苦手さを理解する
- 第二のステップ：自分自身で理解するだけでなく，他者に説明できる
- 第三のステップ：第二のステップの結果，他者も理解できる
- 第四のステップ：これらのステップを経ることで新たなコミュニケーションが生まれること

　木谷（2013a）は，自己理解の最も大切な視点は，新たな人間関係に還元されることであり，そこまで到達できなければ自己理解は不十分，と述べている。学校現場でも自己理解プログラムをしている場面を見かけることがあるが，多くは第一ないし，第二のステップくらいで終わっていることがあり，この第三，第四のステップが抜けていることが非常に多い。これらが自己理解プログラムから抜けるとどうなるのか。ASDのある人の中には，行動の失敗に対して自分の発達特性を言い訳にするような言動が起きうる可能性があるだろう。この自己理解プログラムの詳細については，NPO法人アスペ・エルデの会が毎年日間賀島で行っている木谷の自己理解プログラムの実践をまとめたものがあるので，そちらを是非参照していただきたい（木谷，2013b）。筆者も木谷の実践を少し覗いてみたが，プログラム終了後には，自分の個性を表現した作品を発表していて，プログラム前と比べて子どもたちがイキイキしていたのを記憶している。

　自己理解を深めるための実践でもう一つ紹介したいのは，メディアなどでも紹介されていた森村の通級指導教室での実践である。（岡田・森村，2016）。森村は「自分研究所」という取り組みを行っている。これは，困っていることを自分で研究し，仲間と一緒に対処方法を考えている活動である（岡田・森村，2016）。この取り組みで重要なのは，自分の苦手なことや困っていることをク

ラスメートや先生と共有するというプロセスが含まれていること，対応方法を皆で話し合い，対処法を考えること，考えた対処法を実験してみること，そして発表会を行いシェアすることである．森村は，不安傾向の強い子どもの実践を通して，「不安自体はすぐに収まり改善するわけではないですが色々試すことで，何らかの対応方法があることや人にヘルプを求めても良いこと，人に伝え共有することで不安な気持ちがあるのは自分だけではないことを体験していきました」と述べている（岡田・森村，2016）．

既にお気づきかと思うが，森村の実践は木谷（2013a）の自己理解プログラムの視点とほぼ一緒である．ただ，木谷の実践は主に思春期以降のプログラムであるのに対して，森村は小学校でできる実践である．しかしながら，どちらも一定の知的能力や自己内省力，コミュニケーション能力が必要となる．

注意すべき点として診断告知の問題もある．筆者は子ども本人に診断告知をしていなくても，（診断名を使わずに）自己理解プログラムは可能であると考えるが，思春期・青年期になると，この診断告知と自己理解について考える必要性が出てくる場面もあるだろう．これらのプログラムは，自らの特性を理解することにあり，診断の告知だったり障害の受容を促すものではない．自己理解とは自分の発達特性を理解することで，自分が好きになったり，自信が持てるようになり，他者もその子の理解が深まることで，両者の関係性が築かれていくことである．

6 ASDにおける情動制御のプログラム

ASDのある人で実施されている情動制御のプログラムとして，日本では辻井が監訳して紹介したアトウッドのプログラム（Attwood, 2004a; Attwood, 2004b）がよく知られている．他にも海外では多くのプログラムが報告されているが，詳しく知りたい読者はそれぞれ文献に当たって欲しい．本章では，ASDにおける情動制御プログラムの特徴について述べる．

これらのプログラムの特徴としては，認知行動療法が理論的ベースになっている，本人のみならず家族もプログラムに関わる，特性理解（自己理解）のプログラムがある，エクスポージャー（暴露療法）が取り入れられている，とい

うことである。明翫（2014）は，ASDの不安のコントロールプログラムの成功に重要な点として，認知行動療法で学んだスキルとともに，社会的スキル・自己管理スキルといった適応行動の習得にも取り組む必要性を述べている。これは，個々のスキルの未経験があると，社会状況に段階的にエクスポージャーで不安を克服する課題を与えても，仲間との相互関係から良い影響を受けるなどポジティブに反応しにくく，取り組んだことが結果的に成功体験になりにくいためである（明翫，2014）。

　エクスポージャーについては，実際に導入する際には支援者が一定のトレーニングを受けてから実施する必要があることを強調しておきたい。こうしたASDの情動制御プログラムでは，通常の気分障害や強迫性障害で実施するエクスポージャーよりも危険性が（相対的に）高くはないとは思われるが，それでも心理的な侵襲性やフラッシュバックなどを起こして症状が悪化する危険性は十分にある。そういった危険性があるにも関わらずASDの情動制御プログラムでエクスポージャーが取り入れられているのは，明翫（2014）が指摘しているように，対処スキルを学ぶことは大事であるが，最終的には実際の不安状況に子ども自身が向き合うことができなければ目に見て分かる改善は示しにくいためである。ここで筆者が提案したいのは，従来の馴化型のエクスポージャー（不安状態にさらされることで慣れて，不安を感じなくなる）ではなく，静止学習アプローチ（Inhibitory Learning Approach: Craske et al., 2014）の考え方を上手に取り入れて，比較的自然な形で実生活場面で適用してはどうだろうか。

　例えば，人前で話すのが不安で仕方がない人がいたとする。馴化型のエクスポージャーは，人前で話す機会を作って慣れさせることで不安を低減させるのだが，静止学習アプローチでは低減そのものよりも人前で話して不安になる原因に焦点を当てている。この場合だと，不安の原因は「人前で話すことで自分をバカにしたり笑われること」だとする。静止学習アプローチは，この原因が起こらないことに注目させ，学習させる。つまり，不安を強化している強化子（この場合は自分をバカにしたり笑われる）が取り除かれる（消去）ことで，不安が起こらない，ということを学習するアプローチである。手順としては，不安の原因を特定し，人前で話す時の不安状況を数値化（%で示したり，不安

階層表などを作成）する。実際に人前で話をするのだが，不安の原因となる出来事が起きたかどうかを確認し，最後に実際に起きていることを振り返ってもらう。静止学習モデルでは，不安の低減ではなく，あくまでも自分が予期した出来事が起こらなかった（バカにしたり笑われたりしなかった）ことに注目させるのだが，（良い意味で）期待が裏切られたというギャップが大きいほど効果がある（Craske et al., 2014）。

これを実際にASDのある人に対して行う際には，日常場面でよく見られる不安状況に対して「その場で」実施するのが良いだろう。前述した例は，学校ではよく見かける場面であるが，実際に発表場面で不安を起こしている原因となるものが生じているかどうかに注目させるやり方は有効である。具体的にはクラスメートが発表者に励ましの言葉をかけたり，終わった後に発表者を褒める，などのわかりやすいポジティブな即時フィードバックを与えることで不安の原因がないことに気づかせる。この場合でも，ピア（クラスメート）の役割は非常に大きい。

実際にこうしたプログラムをするには専門性も要し，敷居が高いとお感じの方は，明翫が実践している心拍変動バイオフィードバック法を用いた情動制御プログラムを実践してみるのも良いだろう（明翫ら，2016）。このプログラムでは，心拍変動に注目し，自分の心身の状態を機械によって可視化する事ができるものを用いて，呼吸のコントロールを身につけるものである。筆者も実際にこのプログラムに参加してみたが，ゲーム感覚で呼吸法をトレーニングすることができ，小学生でも比較的取り組みやすい。機器を揃える必要はあるが，決して高いものではなく，指導する側も高度な専門性は不要である。ASDのある人に自己制御のスキルを身につけるには，明翫が行っているバイオフィードバックといったようなASDのある人の特性を活かしたプログラムを導入する必要があるだろう。

7 できないことへの対処法

ASDのある子どもでは，自己制御が自分だけでできるような方法やトレーニングも重要ではあるが，どういったことができなくて，どうしたら対処でき

るかを教える。前述した支援については，実際問題として即効性は期待できないし，すぐに身につけたスキルを自分だけで実施するのは難しいことも多いだろう。手っ取り早い方法が，これまで紹介してきたように他人の助けを借りるということである。できないのであれば誰かの助けを借りればいい。そもそも自立とは，「人の力を借りてできるようになる」ことであると筆者は考えている。多くの大人は，自分一人でなんでもできている，と思いがちだが，それは幻想である。筆者自身，人やモノの力を借りなければ，とても今の生活を維持できる自信はない。筆者の妻や子どもに家を出ていかれたら，あっという間に筆者の生活は破綻し，負の情動が頭をめぐり，何もできない社会不適応者になってしまうだろう。

　他人の助けを借りる，というのは，社会適応にとって重要なことである。ASDのある人の社会適応の前提として，「できないものはできない，できなくても助けを借りればできるものがたくさんある」ということを本人に理解してもらう必要がある。何事にも「対処する方法がある」ことを理解してもらい，「必ずしも自分ひとりでする必要はない」，「一人でできないのはダメなことではない」，「助けを借りることはダメなことではない」，「助けを借りても良い」，ということを理解してもらうことからASDの支援が始まる。

　では，上手に他人の助けを借りるにはどうしたらよいか。筆者は以下の点が重要だと考えている。

　①最低限のコミュニケーションスキル
　②自分の得意な所と苦手な所は徹底的に理解して，相手に説明できるようにする
　③自分の得意な領域も伸ばす
　④ギブ・アンド・テイク
　⑤協力してくれなければ諦める

　①については，流石に人に依頼するわけだから，これがなければどうにもならない。これは挨拶をする，感謝の気持ちを伝える，会話を続ける，スポーツマンシップを見せる，など人間関係を円滑にしたり，維持したりするスキルが

含まれている。これらのスキルについては，ローガソン博士がUCLAのPEERSクリニックで行なった実践をまとめた本が出版されているので，そちらを参考にされると良いだろう（Laugeson, 2013）。

②の自分はどうしてできないのか，何をいつどれくらい助けてほしいのか，を説明できる力は，将来とても大切になってくる。もちろん学童期は非常に難しいので，アドボケーターとしての支援者の役割も重要である。他者からの支援を受け続けることのできる人間関係を構築するには，当然助けを借りてばかりでは，将来的には必ず人間関係が行き詰まる。与えてもらうだけではなく，与える，ということも必要である。そのために③の得意な領域を伸ばすことは，④につながっていくための重要なステップである。ギブ・アンド・テイクは良好な関係を持続させるためには重要であるし，何より「自分も他人の役に立つことができる」という経験は，本人の自己効力感を維持することにもつながる。これら①から④は，木谷（2013a）も述べていた「新たな人間関係に還元される」ことを意味していると同時に，「誰かと一緒に作り上げる喜びを体験する」ことに他ならない。

筆者はこの⑤は，非常に重要だと考えている。言うなれば，無理強いをしない，ということである。いくら友人だからといっても「親しき仲にも礼儀あり」である。負担のかかるお願いは，はじめは"辛うじて"できるかもしれないが，何度も続けるのは難しい。当然相手の都合もあるだろうし，相手ができないこともある。諦めて切り替えるというのは，ASDのある人には難しいことであるかもしれない。筆者がASDのある人と関わっていてよく経験するのは，ASDのある人が他者にお願い事して断られたことに対して，負の情動を持ち続けてしまうことである。断られた時に気持ちを切り替えて「分かった。いつもお願いを聞いてくれてありがとう。またよろしくね」と言えるかどうかは，人間関係を維持する上でとても重要であるように思える。これは筆者自身自戒を込めて強調しておきたい。

【文　献】

American Psychiatric Association（2013）. *Diagnostic and statistical manual of mental disorders, fifth edition: DSM-5.* American Psychiatric Publishing, Arlington, VA.（日本精神神経学会（日本語版用語監修），髙橋三郎・大野　裕（監訳）．(2014)．*DSM-5精神疾患の診断・統計マニュアル*．東京：医学書院）．

Attwood, T.（2004a）. *Exploring Feelings: Anxiety: Cognitive Behaviour Therapy to Manage Anxiety*. Future Horizons, Arlingron, TX.（辻井正次（監修），東海明子（訳）．(2008)．*ワークブックアトウッド博士の〈感情を見つけにいこう〉①怒りのコントロール*．東京：明石書店.）

Attwood, T.（2004b）. *Exploring Feelings: Anxiety: Cognitive Behaviour Therapy to Manage Anxiety*. Future Horizons, Arlingron, TX.（辻井正次（監修），東海明子（訳）．(2008)．*ワークブックアトウッド博士の〈感情を見つけにいこう〉②不安のコントロール*．東京：明石書店

Chang, Y. C., & Locke, J. (2016). A systematic review of peer-mediated interventions for children with autism spectrum disorder. *Research in Autism Spectrum Disorders*, 27, 1-10.

Craske, M. G., Treanor, M., Conway, C. C., Zbozinek, T., & Vervliet, B. (2014). Maximizing exposure therapy: an inhibitory learning approach. *Behaviour Research and Therapy*, 58, 10-23.

Demetriou, E.A., Lampit, A., Quintana, D.S., Naismith, S.L., Song, Y.J.C., Pye, J.E., Hickie, I., & Guastella, A.J. (2017). Autism spectrum disorders: a meta-analysis of executive function. *Molecular Psychiatry*. [E-pub ahead of print]

Ebisch, S. J., Gallese, V., Willems, R. M., Mantini, D., Groen, W. B., Romani, G. L., Buitelaar, J. K., & Bekkering, H. (2011). Altered intrinsic functional connectivity of anterior and posterior insula regions in high-functioning participants with autism spectrum disorder. *Human Brain Mapping*, 32 (7), 1013-1028.

Factor, R. S., Ryan, S. M., Farley, J. P., Ollendick, T. H., & Scarpa, A. (2017). Does the Presence of Anxiety and ADHD Symptoms Add to Social Impairment in Children with Autism Spectrum Disorder？ *Journal of Autism and Developmental Disorders*, 47 (4). 1122-1134.

Gergely, G. (2001). The obscure object of desire: 'Nearly, but clearly not, like me': Contingency preference in normal children versus children with autism. *Bulletin of the Menninger Clinic*, 65 (3), 411-426.

Geschwind, D.H. (2009). Advances in autism. *Annual Review of Medicine*, 60, 367-380.

Griffith, E. M., Pennington, B. F., Wehner, E. A., & Rogers, S. J. (1999). Executive functions in young children with autism. *Child Development*, 70 (4), 817-32.

Happé, F. & Frith, U. (2006). The weak coherence account: Detail-focused cognitive style in autism spectrum disorders. *Journal of Autism and Developmental Disorders*, 36 (1), 5-25.

服部陽介（2015）．自己と他者に関する思考・感情の意図的抑制と実行機能．*心理学評論*，58 (1), 115-134.

Iarocci, G., Burack, J. A., Shore, D. I., Mottron, L, & Enns, J. T. (2006). Global-local visual processing in high functioning children with autism: Structural vs. implicit task biases.

Journal of Autism and Developmental Disorders, 36（1），117-129.

野村和代・伊藤大幸（2017）．ペアレント・プログラムの保護者と子どもに対する効果の検討．チャイルドヘルス, 20（6），422-424.

Kasari, C., Rotheram-Fuller, E., Locke, J., & Gulsrud, A.（2012）．Making the connection: randomized controlled trial of social skills at school for children with autism spectrum disorders. *Journal of Child Psychology and Psychiatry*, 53（4），431–439.

片桐正敏（2014）．自閉症スペクトラム障害の知覚・認知特性と代償能力．*特殊教育学研究*, 52（2），97-106.

Katagiri, M., Kasai, T., Kamio, Y., & Murohashi, H.（2013）．Individuals with Asperger's disorder exhibit difficulty in switching attention from a local to a global level. *Journal of Autism and Developmental Disorders*, 43（2），395-403.

木谷秀勝（2013a）．子どもの発達と知的評価：自己理解をめぐって．アスペハート, 34, 82-88.

木谷秀勝（2013b）．子どもの発達と知的評価：日間賀島での「自己理解プログラム」の実践．アスペハート, 35, 82-88.

Landry, R. & Bryson, S. E.（2004）．Impaired disengagement of attention in young children with autism. *Journal Child Psychology and Psychiatry*, 45（6），1115-22.

Laugeson, E.（2013）．*The Science of Making Friends: Helping Socially Challenged Teens and Young Adults*. John Wiley & Sons Inc. N.Y.（辻井正次・山田智子（監訳）（2017）．友だちづくりの科学　社会性に課題のある思春期・青年期のための*SST*ガイドブック．東京：金剛出版）

Mann, T. A. & Walker, P.（2003）．Autism and a deficit in broadening the spread of visual attention. *Journal of Child Psychology and Psychiatry*, 44（2），274-284.

森口祐介（2015）．実行機能の初期発達，脳内機構およびその支援．*心理学評論*, 58（1），77-88.

Mottron, L., Dawson, M., Soulières, I., Hubert, B., & Burack J.（2006）．Enhanced perceptual functioning in autism: an update, and eight principles of autistic perception. *Journal of Autism and Developmental Disorders*, 36（1），27-43.

村山恭朗，伊藤大幸，片桐正敏，中島俊思，浜田　恵，高柳伸哉，上宮　愛，明翫光宜，辻井正次（2016）．小学高学年および中学生における反応スタイルの調整効果とストレス生成効果．健康心理学研究, 29（1），1-11.

明翫光宜（2014）．不安のコントロールプログラムの動向．アスペハート, 37, 148-152.

明翫光宜，丸川里美，新堂裕紀美，久野綾香，飯田　愛，辻井正次（2016）．自閉症スペクトラム障害児に対する感情理解の短期介入プログラムの開発．*小児の精神と神経*, 56（3），233-241.

Navon, D.（1977）．Forest before trees: The precedence of global features in visual perception. Cognitive Psychology, 9（3），353-383.

岡田　智・森村美和子（2016）．ソーシャルスキルトレーニング実践のツボ（第4回・最終回）自己理解を深めるための「自分研究所」の実践から．*LD, ADHD & ASD：学習障害・注意欠陥/多動性障害・自閉症スペクトラム障害*, 14（1），60-63.

Rinehart, N. J., Bradshaw, J. L., Moss, S. A., Brereton, A. V., & Tonge, B. J.（2001）．A deficit in shifting attention present in high-functioning autism but not Asperger's disorder. *Autism*, 5 (1), 67-80.

Robinson, S., Goddard, L., Dritschel, B., Wisley, M., & Howlin, P. (2009). Executive functions in children with autism spectrum disorders. *Brain and Cognition*, 71 (3), 362-368.

Szatmari, P., Tuff, L., Finlayson, M. A. J., & Bartolucci, G. (1990) Asperger's syndrome and autism: Neurocognitive aspects. *Journal of American Academy of Child and Adolescent Psychiatry*, 29 (1), 120-136.

Totsika, V., Hastings, R.P., Emerson, E., Lancaster, G.A., & Berridge, D.M. (2011). A population-based investigation of behavioural and emotional problems and maternal mental health: associations with autism spectrum disorder and intellectual disability. *Journal of Child Psychology and Psychiatry*, 52 (1), 91-99.

辻井正次 (2016). ペアレントプログラム 発達障害や子育てが難しい時の最初のステップ ペアレント・プログラムを始める. 下山晴彦・村瀬嘉代子・森岡正芳 (編著) *必携 発達障害支援ハンドブック*. 東京：金剛出版. pp.300-302.

Uddin, L.Q., & Menon, V. (2009). The anterior insula in autism: under-connected and under-examined. *Neuroscience & Biobehavioral Reviews*, 33 (8), 1198-203.

van Steensel, F.J., Bögels, S.M., & Perrin, S. (2011). Anxiety disorders in children and adolescents with autistic spectrum disorders: a meta-analysis. *Clinical Child and Family Psychology Review*, 14 (3), 302-317.

White, S. W.,, Mazefsky, C. A.,, Dichter, G. S., Chiu, P. H., Richey, J. A., & Ollendick, T. H. (2014). Social-cognitive, physiological, and neural mechanisms underlying emotion regulation impairments: understanding anxiety in autism spectrum disorder. *International Journal of Developmental Neuroscience*, 39, 22-36.

Zwaigenbaum, L., Bryson, S., Rogers, T., Roberts, W., Brian, J., & Szatmari, P. (2005) Behavioral manifestations of autism in the first year of life. *International Journal of Developmental Neuroscience*, 23 (2-3), 143-152.

第8章 注意欠如多動症のある子どもの自己制御の支援

宇野宏幸

1 はじめに

　注意欠如多動症（ADHD）は，不注意と多動性・衝動性を特徴とする発達障害である。ADHDの不注意は，ケアレスミスをする，話を聞いていないように見えるなど一般的に言われる注意力の不足だけでなく，計画性や見通しがない，言われたことや考えたことをすぐ忘れる，といった事象を含んでいる。ADHDのある子どもは多動で，活動エネルギーに満ちていて，座って動かないように求められている時間や場所でも，立ち歩かずにはいられない。彼らは，思いついたことは，すぐに言わないと気がすまないし，列に並んで順番を待つことも苦手である。このように，周囲の人間から見ると，困ったなと思ってしまう振る舞いが絶えないのが彼らである。しかし，外から見えやすく，周りの人間を戸惑わせる彼らの行動は，表面的なことであって，この背後にある見えにくい原因を理解していくことこそが支援を考えるにあたって重要であろう。

　ADHDのある子どもは，学校でルールを守って生活すること（例えば，教師が説明しているときにはしゃべらないで聞く），他の子どもとの関わりを上手く保つこと（例えば，気に入らないことを言われても怒るのをがまんする）や，通常学級で学ぶこと（注意を集中して授業を受ける）に大きな困難性を持っている。彼らにとっては，学校での生活環境それ自体がハードルの高いものになっている。このような難しさの背景には，彼らが自らの行動を周囲の状況に照らし合わせて，適切に振る舞うことの苦手さがある。したがって，彼らへの直接的な指導やトレーニングだけでなく，彼らなりの行動スタイルに合った環境設定を図っていくこと（環境調整）が求められる。注意集中しやすい環境をつくれば，手遊びするなどネガティブな行動をすることが減少するとともに，

授業の内容理解もでき，学習への意欲向上も期待できる。

　現代社会は，彼らの頭を混乱させがちな様々な情報にあふれている。彼らは，情報を絞って頭に入れることが苦手であるとともに，入ってきた情報を頭の中で整理することに難しさを持っている。また，仕事と家庭の両立など，一度に複数の仕事をこなすためには，優先順位を決めるなど日々マルチタスクな処理能力を求められているが，ADHDのある者にとっては，これが非常に難しい。このような処理能力を求められるほど，彼らが持っている課題が顕在化しやすく，他者とのトラブルも起こりやすくなる。複数の学習課題を同時進行的にこなしていくためには，タスクをうまく切り換えていくことが必要であるが，これもまた難しい。彼らは，やることがはっきりしていれば大いに頑張るが，猪突猛進型なので途中での軌道修正が苦手である。このようなことから，周囲の状況変化に合わせて行動を柔軟に変えていくことが難しい。我々は，日々の経験から，その状況でどのように振る舞えば良いのかを学んでいる。経験から学びを得るためには，自分がしたことが良かったのか，そうでなかったのか，振り返って考えることが大切となるが，これもまた難しいようである。

　本章では，ADHDの自己制御とその支援を述べるにあたって，まず情報を処理する働きに注目する。ここで重要となるのが注意の働きとそのコントロールである。注意の働きは，スポットライトや門番（ゲートキーパー）にたとえられるように，情報のインプットに不可欠であるとともに，その処理を制御する要である。第2に，情報を目的に沿って活用するためには，作業場となるワーキングメモリがうまく機能する必要があるが，この働きは彼らが最も苦手としている機能の一つと言える。ワーキングメモリは，文脈の形成と理解にも関与していることから，見通しを持った行動をとる上でも欠かせない。第3として，動機づけと情動コントロールを取り上げる。ADHDと診断された子どもでは，自分の興味があることにはよく取り組み集中力を発揮するが，そうでないとやらない，という姿をよく見かける。また，些細なことで怒りが収まらないことも度々起こる。最後に，自己制御のアウトプットの問題として，行動抑制の欠如について言及することは重要と思われる。抑制機能とは，優勢な行動パターンや習慣化された行動を抑える，あるいは修正する働きである。ルールに沿った行動を学習することは，自分がしたいことをがまんできるようになることで

あり，抑制機能が深く関わっている。

　以上のADHDにおける自己制御を考える上で重要な機能は，それぞれが単独で働いているわけでなく，相互に関連しあいながら，ネットワークとして動作していることに注意を向けておく必要がある。この一連の機能が，実行機能や報酬系と呼ばれる脳システムである。この2つのシステムは，前者が理知的・意識的であるのに対して，後者は情動的・無意識的であり，相互補完的に自己制御を実現している。ADHDにおいては，この両方のシステムでの機能不全が見出されている。

2　前頭葉の働きとADHD

　前頭葉は，社会脳（Social Brain）とも呼ばれ，ヒトになった時にその領域を飛躍的に拡大した脳である。動物のなかでも，我々ヒトは環境変化への際立った適応力を備えている。自ら考える，行動を変える，道具を発明する，環境そのものを作り変えることなどを通して，今日まで生き残っている。前頭葉のなかでも連合野である前頭前皮質は，社会化するにあたっての様々な学習能力を提供しており，これによって自己の振る舞いを修正し，社会やコミュニティへの適応を可能ならしめている。また，大脳新皮質のなかでも，頭頂葉，側頭葉や後頭葉が情報のインプットを受け付けて，これらの感覚処理を担っているのに対して，前頭葉は運動を制御することで，アウトプット（表出）を担当している。言葉を話して相手に自分の考えを伝える場面をを想定してみると，そのポイントは，大事なことに的を絞ってしゃべることである。つまり，本質的でない情報を抑制して発話することが大切となるが，ADHDのある人では，これを抑制することが難しい。

　ADHDと診断された子どもや成人を対象とした脳科学的研究は，彼らの前頭葉には課題による活性化が認められない，機能不全を示す領域のあることを多く報告している。ADHD症状の原因は単純ではないが，遺伝子のわずかな変異の積み重ねや周産期における化学物質への暴露によって，脳の神経伝達物質であるドーパミンやノルアドレナリンの作用に問題が生じるために発現するという見方が有力である（Pliszka, 2005）。これらの神経伝達物質が作用する主

要な部位の一つは前頭葉であり，ドーパミンが正常に作用しないと，前頭前皮質や報酬系の機能に影響を与える。また，成人健常者を対象とした神経心理学的研究からも，前頭葉が自己制御に関与しているとの知見が数多く報告されている。ADHD のある子ども・成人を対象として，これらの高次脳機能検査を実施すると，成績低下が認められることが多い。

以下では，それぞれの機能が前頭葉でどのように担われているのか，ADHD の認知・行動特徴，ならびに自己制御との関連性について説明した上で，それぞれの機能ごとの支援・配慮のポイントについて述べる。また，自己制御がトータルなシステムであることをふまえて，包括的な支援アプローチについては，本節の内容を下敷きにした上で，第3節「クラスでの包括的な支援へ向けて」において言及したい。

(1) 注意

ADHD のある子どもにおける注意の問題は，それ自体ができないのではなく，そのコントロールがうまくいかないことにある。彼らには，注意散漫な印象を受けることがある一方で，過集中の状態を呈することもある。いずれにせよ，個人にとって意味のある情報，処理しなければならない情報を適切に取り込むことに困難が生じている。

持続処理課題（Continuous Performance Test, CPT）では，ターゲット刺激が出現した時のボタン押し反応時間にばらつきが大きく，これは彼らの注意コントロールにムラがあることを示している。また，基本的な CPT 課題は，ターゲット刺激が出現した場合にボタンを押すという単調なものであり，このような状況下で，どれだけ長く注意を維持できるかという持続性注意を評価するものとなっている。彼らは，とりわけ，このような単調な作業での注意の持続が困難である。しかし，ドリルでひたすら練習するなど単調となりやすい学習，努力と根気が求められる学習においては，この持続性注意力が必要とされる。彼らは，CPT 課題の遂行において，ターゲット刺激に反応しない「見逃し」，非ターゲット刺激に反応してしまう「お手つき」の両方で高いエラー率を示す（Epstein et al., 2003）。一般的に，「見逃し」は注意の逸脱，「お手つき」は衝動性の高さを反映していると見なされる。

実行機能を評価する際にも使用されるストループテストでは，競合する刺激情報がある事態（例えば，「赤」という漢字が青色で印刷）で，どちらかに注意を振り向けることが求められる。このような場合，競合がない時に比べて，エラー率の上昇や反応時間の延長が認められる。このような課題を遂行している時には，前頭葉内側部に位置する前部帯状回で活動が認められるが，ADHDのある人では，このような活性化が認められなかった（Bush et al., 1999）。その代わり，島と呼ばれる領域の活動が増大していた。この事実から，代償的に他の領域が機能することによって，本来は前部帯状回が担っている注意コントロール課題を遂行できたものと思われる。

　注意制御の支援・配慮については，ボトムアップ的なアプローチとトップダウン的アプローチが考えられる。ボトムアップ的には，ADHDのある子どもは，刺激に引きずられやすい，刺激の競合に弱いという点があるので，これらを極力除いて，必要な情報のみを提示する。何も貼っていない衝立で学習スペースを作る，要点に絞って板書するなどである。提示方法の点では，静的よりも動的に，リズム感がある方が注意は持続しやすくなる。トップダウン的には，彼らの興味・関心を引きやすい，視覚的で動きのあるものを使用する。たとえば，彼らの好きなキャラクターが描かれているフラッシュカードを用いて，徐々にスピードを速めていく工夫は，注意を引く上で効果的である。

（2）ワーキングメモリ

　ADHDにおいて，一貫して示される認知上の問題はワーキングメモリの弱さと言われる。LDを併存していない場合，小学校低学年の学習で多くを占める読み書き計算については比較的得意であるが，高学年になるとワーキングメモリの働きが必要とされる算数の文章問題，国語の文章理解や作文でつまずくことが多い。ワーキングメモリ容量は思春期に大きく伸びるが，ADHDのある子どもでは，この伸びが見られないため（Westerberg et al., 2004），この時期に他の子どもとの差が大きくなる。最近では，ワーキングメモリは，異なる情報を関連づける役割も持つことが示唆されており，文脈理解とその形成に深く関わっているものと考えられている。これは，いわば認知的な統合機能と言えるものであり，前頭葉背外側部がその責任部位となっている。

また，この背外側部は，マインドセットの形成にも関与している。マインドセットとは，物事を捉える見方や枠組みのことであり，視点の持ち方ということでもある。複雑な社会事象を捉える際に，その切り口は様々であるが，個人によっても，どのような見方をするかが異なっている。このような視点をうまく切り換えていける人は，行動の面でも柔軟性を持っていると言えるであろう。高次脳機能障害のある人を対象として，このような面を評価するために用いられてきたのがウィスコンシンカード分類検査（Wisconsin Card Sorting Test, WCST）である。WCSTでは，描かれている色，形，数がカードごとに異なっており（たとえば，青色の三角形が3つ），被験者はこれらの属性のうち1つを基準（たとえば，青色）にして，カードを選択していくことが求められる。被験者には，この基準は明示されないが，選択したカードが正解であったかどうかは，検査者からフィードバックされる。この際に，突然に基準が変更されると，背外側部を損傷した患者は以前の基準に固執し，新しい基準でカードを選べない。これは，カードを選択する視点の変更が困難になっていることを示している。ADHDのある子どもは，このWCSTでの成績低下を示すことがある（Lawrence et al., 2004）。

　ワーキングメモリを主として構成するのは，目から入ってくる形態や位置に関する情報を貯蔵する「視空間スケッチパッド」と，耳で聞いた聴覚情報を貯蔵する「音韻ループ」である。これらは独立して働いているので，片方が苦手でも，もう片方のワーキングメモリは保たれていることがある。したがって，支援の際には得意なワーキングメモリを活用することが大切となる。たとえば，物語のストーリーを理解するにあたって，音韻ループが強みであれば，段落ごとのまとめを短冊にして並べる，また，視空間ワーキングメモリが保たれていればイラストカードを利用する。視点取得の支援にあたっては，作文で記述する内容をマインドマップを使い，その全体像を把握しやすくした上で，ストーリーのポイントを見つける，ソーシャルスキルトレーニングでは，状況を表すイラストを使用して問題となる点を話し合うなどが考えられる。

（3）情動の社会化と動機づけ

　ADHDのある子どもは，情動表出を抑制することにおいて，その遅れが指摘

第8章 注意欠如多動症のある子どもの自己制御の支援

されている。教師のいる前，つまり社会化が求められる場面で泣く，怒るといった情動の表出は年齢とともに減少していくが，彼らの場合は，このような発達がなされにくい。動機づけの面では，自分の興味のあることはするが，そうでないと取り組まない，その場のことしか考えられず，将来のことを見据えた努力をしないと見られがちである。

　フィネアス・ゲージの症例に見られるように，前頭葉眼窩回が損傷してしまうと，怒りっぽくなるなどの性格的変化が生じる。これは，大脳辺縁系の扁桃体が生み出すネガティブな感情を制御できなくなったためと考えられる。ADHDにおいても，情動コントロールが困難となっている背景として，眼窩回を含む認知－情動処理経路の機能不全が指摘されている（Shaw et al., 2014）。

　ダマジオ（Damasio, A.）は，眼窩回内側部を損傷した患者を対象としたギャンブリング課題を考案して，情動に基づく意思決定が損なわれていることを見出した。ADHDのある子どもにおいても，この課題で成績低下が認められることは，脳内で情動に関する情報がうまく利用することができないことを示しており，彼らが賭け事や買い物に過剰にのめり込むのを止められない状況と一致している。また以前より，眼窩回外側部が損傷すると，逆転学習ができなくなることが知られており，ADHDのある子どもでは逆転学習時に成績の低下が生じる（Itami & Uno, 2002）。この課題では，予告なしに刺激と報酬の関係が逆転するが（それまで報酬の得られていた反応をすると，罰を受ける），この状況は日常生活で習慣となっている行為への変化を求めることと類似する（欧米の家では靴を脱がないが，日本へ来た時には脱ぐことを求められる）。つまり，眼窩回外側部は，報酬が与えられる状況が変化した時に，行動を柔軟に変えていくことに重要な役割を担っている。

　最近の神経経済学では，「時間割引」が注目されている。ここでは，すぐにもらえるごほうびと比べて，時間的に後でしかもらえないごほうびは，その価値が減ってしまう，つまり割引されるという心理的効果が影響している。割引率が高い場合は，かなり後でもらえるごほうびが客観的には魅力的だとしても，すぐにもらえる小さなごほうびを選んでしまう。ADHDの人では，この割引率が高く，後でもらえるごほうびを待てない状態にある。

　ADHDのある子どもが良いことをした時には，小さくてもすぐにもらえる

103

ごほうび，つまり即時的強化が大切である。このため，すぐにほめる，頑張り度を見える化して示すことが効果的となる。すぐに強化できない状況では，ごほうびシステムを導入して，トークン（代用貨幣）やシールを集めることがごほうびを連想させるようにして，動機づけを維持したい。情動コントロールを促すにあたっては，自分の情動の状態をまず知るということが必要であるので，その見える化や周囲からのフィードバックが欠かせない。行動をルールに沿って切り換えていくにあたっても，そのルールを明示的にして，一目でわかるように提示することが必要であろう。

（4）モニタリング

ADHDのある子どもは，日々の経験で学んでいく，自分のやったことを適切に修正していく，ということにも苦手さが大きい。彼らの振る舞いが刹那的に見えてしまいがちなのは，ゴールのイメージがつかめず計画も十分に立てることがないので，目標を志向した生活を送りにくいということから生じているようだ。また，自分のやったことが正しいのかどうか，判断ができていないような様子も見受けられる。

目標を実現するための一連のプロセスは，PDCAサイクルとも呼ばれる。目標が定まったら，計画を立て（Plan），実際にやってみて（Do），うまくいったか評価し（Check），これらをふまえて再度行動する（Action）。プランニングにあたっては，目標に至る全体像を見据えて，ステップを踏んでいくことになるので，ワーキングメモリの弱いADHDでは，難しい作業となる。

経験による学習では，やってみて振り返ることが重視されている。振り返ることには，結果を見る，自分の状態を知る，経験に意味づけするなどが含まれるが，ADHDにおいては自分の状態を把握すること，すなわちモニタリング機能が弱いことが知られている。彼らは，文字を書く際に枠からはみ出してしまうことがしばしばであるが，これは一般的には不注意が原因と見なされる。実は，この際には，脳内でのモニタリングが十分なされないため，枠からはみ出たというエラー信号が検出されにくくなっている。我々は，このエラー信号に基づいて，運動を絶えず修正することによって，適切な書字を学習する。このようなモニタリング機能は，注意のコントロール，つまり能動的な注意の座で

ある前部帯状回が担っている。エラー信号の検出においても，ADHDで低下が認められている（Liotti et al., 2005）。

　ソーシャルスキルのトレーニングを考えてみると，状況を読んで，その場に合った適切な振る舞いを考えて，行動（ロールプレイ）するという要素から構成されていることがわかる。このなかでも，モニタリング機能が問題となりやすいのは，行動した内容とその結果がどうだったかという点である。モニタリング支援の観点では，脳内でのエラー信号の検出がうまく働かない状態を考慮して，その情報を脳から外に出す，つまり外在化すれば良い。たとえば，ロールプレイした時の様子をビデオで撮影して，自分の振る舞いを客観的な立場で見て評価できるようにしてみる。

(5) 行動抑制

　ADHDのある子どもは，基本的にがまんすることが苦手である。注意がどこかに飛んでいってしまうのは，それを抑えらないからであり，授業中に立ち歩くのもじっとしているのががまんできないことにある。相手の会話を遮ってしゃべってしまうのも，話したいという衝動を抑えることができないためであろう。

　ADHDにおいて，その障害の本質が行動抑制の欠如にあるという自己制御モデルを示して，その後の研究や支援の方向に大きな影響を与えたのがBarkley（1997）である。彼のモデルでは，抑制機能それだけでなく，ADHDで見られる非言語的・言語的ワーキングメモリ，感情・動機づけ・覚醒など情動的側面の自己制御，ならびに再構築（統合）機能の不全が，目標志向的な行動形成を阻害していることが示されている。先に述べたように，後でもらえるごほうびを待てない，すなわち時間割引率が高いのは，将来における予測が描けずに，ごほうびを獲得できるという期待が内的に構築されていないということでもあり，このことが目標志向性を減弱させている。つまり，行動抑制は，能動的な制御プロセスであり，これがうまく働かないと，外部状況に行動が大きく依存しがちになる。

　ボタン押しなどで反応を抑制する際に重要な脳部位は，右半球の前頭前皮質後部と言われ，押さないと判断する際には，この領域の活動が高まることも示

されている。しかし，ADHDにおいては，この部位の活性が低い。また，ボタン押しを促す刺激に続いて，それを中止する合図を提示するStop-signal課題では，前補足運動野の活動も上昇することがわかってきた。もちろん，これらの抑制機能は，皮質領域だけによるものではなく，頭頂葉など他の皮質領域，大脳基底核などの皮質下領域とのネットワークで実現されているらしい。

現段階では，行動抑制におけるこれら領域の役割や相互的な関係について，明確な答えは得られていない。動物での研究ではあるが，大脳基底核の場所によって，目標志向的な「やる気ニューロン」とそうでない「移り気ニューロン」が存在するとの知見は（Tsutsui-Kimura et al., 2017），ADHDの行動制御を考える上で大変興味深い。やる気ニューロンが障害されると，目標に向けた行動の開始が損なわれてしまう。一方，移り気ニューロンが活性化すると，無駄な行動が増加してしまうが，行動の柔軟性が高まることで，環境の変化に適応した学習を獲得しやすくなるようである。今後，ADHDにおいて，このネットワークのどのような部分が損なわれているのか，あるいは維持されているのかが明らかになれば，指導にあたっての新しい示唆がもたらされるかもしれない。

3 クラスでの包括的な支援へ向けて

自己制御に多くの困難を持っているADHDのある子どもは，学校生活で問題が顕在化しやすいが，その現れ方は周囲の環境や対応の仕方によって大きく異なっている。また，目標を達成していくにあたって，その方略を自ら描き，計画を立てていくことの難しさは，彼らの成功体験を阻害するため，自尊感情の低下を招くことにもつながってしまう。これらは，さらに学習への意欲を減退させ，不登校に至るケースも少なくない。さらに，思春期では反抗挑戦性障害や行為障害などの二次的障害が起こる場合も稀ではない。

学校生活でADHDのある子どもを取り巻く状況を考えると，彼らの自己制御の困難さを包括的にサポートする指導・支援の体制整備やクラスでの授業づくりが望まれる。本節では，情報の入力を司る注意のコントロールから，心的作業の要となるワーキングメモリ，計画立案，モニタリング，動機づけおよび

出力調整としての行動抑制を全体的に考えて，学校での支援・配慮のあり方を考えてみたい。

　クラスの授業で，ユニバーサルデザイン（UD）を考えた工夫を取り入れる学校が増えてきているように，この取り組みへの通常学級担任の関心は高い。まず，UDを自己制御の視点で捉えてみたい。UDのなかでも，UDL（Universal Design for Learning）の立場では（Gordon et al., 2016），情報を伝える際の多様性が強調されている。ADHDのある子どもは，持続的な注意力に課題が大きいため，口頭説明が続くと自己制御の弱さに影響を与え，結果として手遊びや立歩きなど問題行動とみなされる事象が発生してしまう。注意コントロールが難しい場合でもインプットされやすく，常にアクセス可能な視覚提示がここでは有効である。さらに，注意を引きつけるテクニックとして，彼らに親近性のある話題で発問し，考える時間を設けて，その答えを出す際にも，少しずつゆっくりと大きなディプレイで示すような働きかけもある。

　教師からの問題が提示されて子ども考えるというフェーズでは，彼らが情報を整理することがきわめて苦手であること，をふまえた手立てと工夫が必要となる。たとえば，社会科では膨大な資料情報の読み解きが求められるが，彼らはこの段階でつまずいてしまう。UDの考え方に沿うと，教師が子どもに考えてもらいたいのであれば，その観点を焦点化した上で，情報を縮約して提示することが何よりも重要となる。また，彼らにとっては，考えるという行為が本質的に苦手であるために，何となく考えてみましょうという設定であると，自己制御が難しくなりがちで，トラブルにもつながりやすい。学習目標の明確化，ワークシートなどで思考の手立て（枠組み）の提供が必要である。

　今後，我が国においても，教師は単に知識を子どもへ伝えるという役割から，彼らが主体的に学ぶための授業デザインを考え，実行するという立場に変わってくるものと思われる。これは，静的な学びから動的な学びへの転換を意味し，クラス環境にも動的な，つまり子どもが動いて学ぶというスタイルが導入されるはずである。これらによって，ADHDのある子どもの自己制御への過度な負担が軽減されることによって，学習意欲も向上してくるという期待がある。実際に，適度な運動は脳の覚醒度を上昇させ，注意力の上昇にもつながる（Ratey & Hagerman, 2008）。また，彼らには，ごほうびを待てないという側面がある

が，この点は授業にゲーム性を取り入れることなどによって，補うことが可能かもしれない。子どもが授業に取り組むなかで，たとえば，ポイントを獲得するような仕掛けがあれば，達成経験を感じやすくなり，彼らの学習への動機づけも維持されるであろう。

【文 献】

Barkley, R. A. (1997). *ADHD and the nature of self-control.* New York, The Guilford Press.
Bush, G., Frazier, J. A., Rauch, S. L., Seidman, L. J., Whalen, P. J., Jenike, M. A., Rosen, B. R., & Biederman, J. (1999). Anterior cingulate cortex dysfunction in attention-deficit/hyperactivity disorder revealed by fMRI and the counting stroop. *Biological Psychiatry,* 45, 1542-1552.
Epstein, J. N., Erkanli, A., Conners, C. K., Klaric, J., Costello, J. E., & Angold, A. (2003) Relations between continuous performance test performance measures and ADHD behaviors. *Journal of Abnormal Child Psychology,* 31, 543-554.
Gordon, D., Meyer, A., & Rose, D. (2016). *Universal design for learning: theory and practice.* Wakefield, Cast Professional Pub.
Itami, S. & Uno, H. (2002) Orbitofrontal cortex dysfunction in attention-deficit hyperactivity disorder revealed by reversal and extinction tasks. *Neuroreport,* 13, 2453-2457.
Lawrence, V., Houghton, S., Douglas, G., Durkin, K., Whiting K., & Tannock, R. (2004) Executive function and ADHD: a comparison of children's performance during neuropsychological testing and real-world activities. *Journal of Attention Disorders,* 7, 137-149.
Liotti, M., Pliszka, S. R., Perez, R., Kothmann, D., & Woldorff, M. G. (2005). Abnormal brain activity related to performance monitoring and error detection in children with ADHD. *Cortex,* 41, 377-388.
Pliszka, S. R. (2005) The neuropsychopharmacology of attention-deficit/ hyperactivity disorder. *Biological Psychiatry,* 57, 1385-1390.
Ratey, J. J. & Hagerman (2008). *Spark: the revolutionary new science of exercise and the brain.* Boston, Little, Brown.
Shaw, P., Stringaris, A., Nigg, J., & Leibenluft, E. (2014). Emotional dysregulation in attention deficit hyperactivity disorder. *The American Journal of Psychiatry,* 171, 276-293.
Tsutsui-Kimura, I., Natsubori, A., Mori, M., Kobayashi, K., Drew, M. R., de Kerchove d'Exaerde, A., Mimura, M., & Tanaka, K. F. (2017). Distinct roles of ventromedial versus ventrolateral striatal medium spiny neurons in reward-oriented behavior. *Current Biology,* 27, 3042-3048.
Westerberg, H., Hirvikoski,T., Forssberg, H., & Klingberg, T. (2004). Visuo-spatial working memory span: a sensitive measure of cognitive deficits in children with ADHD. *Child Neuropsychology,* 10, 155-161.

著者紹介 (執筆順)

森口佑介　(もりぐち・ゆうすけ)　京都大学大学院教育学研究科 准教授

中道圭人　(なかみち・けいと)　千葉大学教育学部 准教授

石原　暢　(いしはら・とおる)　玉川大学脳科学研究所 嘱託研究員

紙上敬太　(かみじょう・けいた)　筑波大学システム情報系 研究員,
東京大学大学院総合文化研究科 特任研究員

土田宣明　(つちだ・のりあき)　立命館大学総合心理学部 教授

池田吉史　(いけだ・よしふみ)　上越教育大学大学院学校教育研究科 准教授

片桐正敏　(かたぎり・まさとし)　北海道教育大学旭川校 教育発達専攻
特別支援教育分野 准教授

宇野宏幸　(うの・ひろゆき)　兵庫教育大学大学院学校教育研究科 教授

※所属は執筆時

監修者紹介

本郷一夫（ほんごう・かずお）

　東北大学名誉教授。博士（教育学）。過去，東北大学大学院教育学研究科助手，鳴門教育大学学校教育学部助教授，東北大学大学院教育学研究科教授。専門は発達心理学，臨床発達心理学。現在は，社会性の発達とその支援に取り組んでいる。主な著書に『幼児期の社会性発達の理解と支援──社会性発達チェックリスト（改訂版）の活用』（編著・北大路書房，2018），『認知発達とその支援』（共編著・ミネルヴァ書房，2018），『認知発達のアンバランスの発見とその支援』（編著・金子書房，2012），『「気になる」子どもの保育と保護者支援』（編著・建帛社，2010），『子どもの理解と支援のための発達アセスメント』（編著・有斐閣，2008）など。

編著者紹介

森口佑介（もりぐち・ゆうすけ）

　京都大学大学院文学研究科准教授。福岡県出身。京都大学文学部，同大学院文学研究科修了，博士（文学）。専門は，発達心理学，発達認知神経科学。主な著書に『わたしを律するわたし：子どもの抑制機能の発達』（単著，京都大学学術出版会，2012），『おさなごころを科学する：進化する乳幼児観』（単著，新曜社，2014），『Executive Function: Development Across the Life Span』（分担執筆，Routledge，2017），『社会的認知の発達科学』（編著，新曜社，2018）ほか。

シリーズ 支援のための発達心理学

自己制御の発達と支援

2018 年 9 月 28 日　初版第 1 刷発行
2022 年 2 月 28 日　初版第 2 刷発行

［検印省略］

監修者　　本　郷　一　夫
編著者　　森　口　佑　介
発行者　　金　子　紀　子
発行所　株式会社　金　子　書　房

〒112-0012　東京都文京区大塚 3-3-7
　　　　　　TEL　03-3941-0111㈹
　　　　　　FAX　03-3941-0163
　　　　　　振替　00180-9-103376
URL　https://www.kanekoshobo.co.jp

印刷／藤原印刷株式会社　製本／一色製本株式会社
装丁・デザイン・本文レイアウト／mammoth.

© Yusuke Moriguchi, et al.,2018
ISBN978-4-7608-9574-8　C3311　Printed in Japan

金子書房の発達障害・特別支援教育関連書籍

発達障害のある子の自立に向けた支援
子どもの特性や持ち味を理解し、将来を見据えた支援につなぐ
――小・中学生の時期に、本当に必要な支援とは？

萩原 拓 編著　　A5判・184頁　本体1,800円+税

通常学級にいる発達障害のある子どもが、将来社会に出て困らないための理解や支援のあり方を紹介。学校でできる支援、就労準備支援、思春期・青年期に必要な支援などを、発達障害支援・特別支援教育の第一線で活躍する支援者・研究者・当事者たちが執筆。好評を得た「児童心理」2013年12月号臨時増刊の書籍化。

CONTENTS
- 第1章　総論・発達障害のある子の将来の自立を見据えた支援とは
- 第2章　発達障害の基礎知識・最新情報
- 第3章　支援のために知っておきたいこと――発達障害のある成人たちの現在
- 第4章　自立に向けて学校でできる支援
- 第5章　思春期・青年期における支援の実際
- 第6章　自立・就労に向けて
- 第7章　発達障害のある子の家族の理解と支援

K 金子書房

自閉スペクトラム症のある子への性と関係性の教育
具体的なケースから考える思春期の支援

川上ちひろ 著　　A5判・144頁　本体 1,800円+税

中京大学教授　辻井正次先生 推薦！

「性」の領域は、タブーや暗黙のこととされることが多く、発達障害の子どもたちにとって指導が必要な領域です。本書は、通常学級などに在籍する知的な遅れのない発達障害の子どもたちを対象に、「性」の問題を、そこにいる他者との「関係性」のなかで、どう教えていくのかについての実践的な内容が書かれています。多くの子どもたちと保護者・教師を助けてくれる1冊となるでしょう。

主な内容

第Ⅰ部　思春期のASDのある子どもの性と関係性の教育について
「性と関係性の教育」とは何か／思春期を迎えたASDのある子どもの性的文脈の関係の複雑さ／従来の「性教育」「性の捉え方」からの脱却／ASDのある子どもの性と関係性に関わる問題行動について／家族や支援者の悩み・陥りやすい間違った関わりについて／ほか

第Ⅱ部　具体的ケースから考える――ASDのある子どもの性と関係性の教育・支援
男女共通・どの年代でもあてはまる話題／とくに思春期の女子にあてはまる話題／とくに思春期の男子にあてはまる話題

K 金子書房

金子書房の心理検査

自閉症スペクトラム障害（ASD）アセスメントのスタンダード

自閉症スペクトラム評価のための半構造化観察検査

ADOS-2 日本語版

C. Lord, M. Rutter, P.C. DiLavore, S. Risi,
K. Gotham, S.L. Bishop, R.J. Luyster, &
W. Guthrie　原著

監修・監訳：黒田美保・稲田尚子

［価格・詳細は金子書房ホームページをご覧ください］

検査用具や質問項目を用いて、ASDの評価に関連する行動を観察するアセスメント。発話のない乳幼児から、知的な遅れのない高機能のASD成人までを対象に、年齢と言語水準別の5つのモジュールで結果を数量的に段階評価できます。DSMに対応しています。

導入ワークショップ開催！
〈写真はイメージです〉

自閉症診断のための半構造化面接ツール

ADI-R 日本語版

Ann Le Couteur, M.B.B.S., Catherine Lord, Ph.D., &
Michael Rutter, M.D., F.R.S.　原著

ADI-R 日本語版研究会　監訳
［土屋賢治・黒田美保・稲田尚子　マニュアル監修］

■対象年齢：精神年齢2歳0カ月以上

- プロトコル・アルゴリズム
  （面接プロトコル1部、包括的アルゴリズム用紙1部）…本体 2,000円＋税
- マニュアル ……………………………… 本体 7,500円＋税

臨床用ワークショップも開催しております。

ASD関連の症状を評価するスクリーニング質問紙

SCQ 日本語版

Michael Rutter, M.D., F.R.S., Anthony Bailey, M.D.,
Sibel Kazak Berument, Ph.D., Catherine Lord, Ph.D., &
Andrew Pickles, Ph.D.　原著

黒田美保・稲田尚子・内山登紀夫　監訳

■対象年齢：暦年齢4歳0カ月以上、精神年齢2歳0カ月以上

- 検査用紙「誕生から今まで」（20名分1組）……… 本体 5,400円＋税
- 検査用紙「現在」（20名分1組）………………… 本体 5,400円＋税
- マニュアル ……………………………………… 本体 3,500円＋税

※上記は一定の要件を満たしている方が購入・実施できます。
　詳細は金子書房ホームページ（http://www.kanekoshobo.co.jp）でご確認ください。

金子書房

シリーズ

支援のための発達心理学（全8巻）
本郷一夫◎監修

コミュニケーション発達の理論と支援
藤野　博 編著

本体 1,500円＋税／A5判・128ページ

実践研究の理論と方法
本郷一夫 編著

本体 1,500円＋税／A5判・128ページ

知的発達の理論と支援──ワーキングメモリと教育支援
湯澤正通 編著

本体 1,500円＋税／A5判・128ページ

情動発達の理論と支援
遠藤利彦 編著

本体 1,500円＋税／A5判・144ページ

愛着関係の発達の理論と支援
米澤好史 編著

本体 1,500円＋税／A5判・128ページ

自己制御の発達と支援
森口佑介 編著

本体 1,500円＋税／A5判・120ページ

生涯発達の理論と支援
白井利明 編著

本体 1,500円＋税／A5判・112ページ

生態としての情動調整──心身理論と発達支援
須田　治 編著

本体 1,500円＋税／A5判・120ページ